J. DULON, PROFESSEUR

LES MAIRES

DE

Saint-Germain-en-Laye

PARIS

IMPRIMERIE G. CAMPROGER

52, RUE DE PROVENCE, 52

—

1896

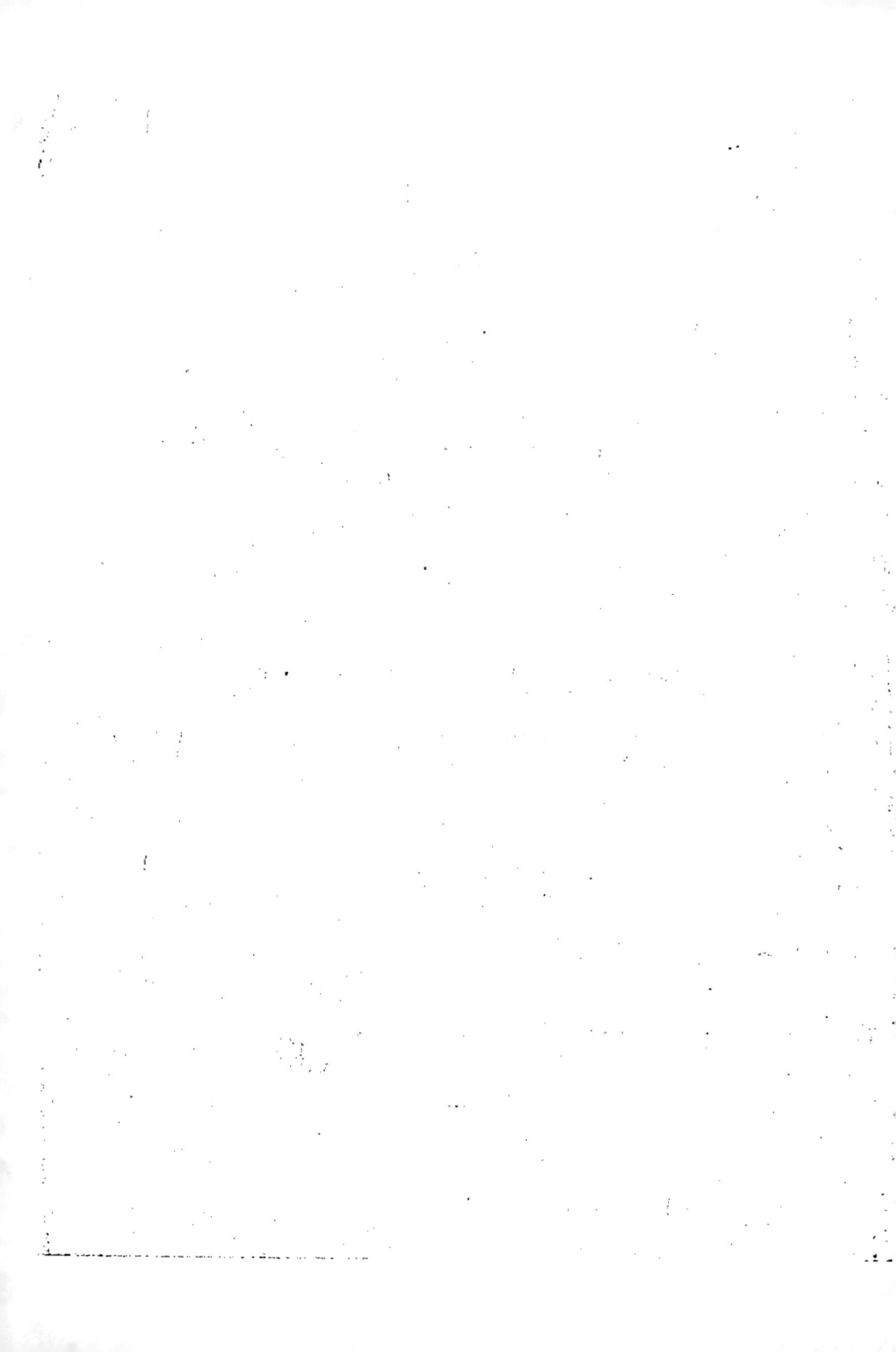

AU LECTEUR

Chef-lieu de canton dépendant de l'arrondissement de Versailles, Saint-Germain-en-Laye est à 21 kilomètres de Paris par le chemin de fer ; sa population totale, d'après le dernier recensement, s'élève à 16,489 habitants. Un écrivain célèbre, Charles Nodier, a dit avec raison que la richesse des sites et la pureté de l'air en feront à tout jamais un des séjours les plus enchanteurs de la France ; la terrasse, chef-d'œuvre de Le Nôtre, est placée dans une situation admirable. La dénomination de *Laye* vient du mot *Lida* auquel on donne généralement le sens de forêt ou de voie large (1). Selon divers auteurs, l'origine de notre cité remon-

---

(1) *Lida*, dont il est parlé dans le *Codex* d'Irminon qui vivait au temps de Charlemagne s'est modifié en *Lidia, Leia, Laia*, enfin *Laye*. Voir pour les Etymologies, A. Goujon,

terait à l'époque gallo-romaine ; mais on n'apporte aucune preuve sérieuse en faveur de cette assertion. Dans les plus anciens documents arrivés jusqu'à nous, il est raconté que Robert-le-Pieux y fit bâtir un monastère avec une église sous le double vocable de Saint Vincent et de Saint Germain (1). Quant au château royal, c'est sous le règne de Louis VI, dit le Gros, qu'il en est fait mention pour la première fois, d'une façon authentique ; un diplôme de ce prince, en date de l'an 1124, porte

---

Histoire de Saint-Germain-en-Laye 1829, page 3; A. de Chevalet, *Origine et formation de la langue française,* tom. II, pag. 126.

(1) Voir dans le *Cartulaire du Prieuré de Saint-Germain-en-Laye* conservé aux archives nationales et dont M. J. Depoin a publié divers extraits, Versailles 1895, les diplômes des rois Philippe Ier (1073) et de Louis VI (1124). Voir aussi une charte de Henri Ier (1045) éditée par Guérard dans le *Cartulaire* de N. D. de Paris, tom 1, pag. 273...

textuellement : *Actum apud Sanctum
Germanum de Laia in palatio nostro.*
Philippe Auguste qui vint s'y reposer
de ses fatigues, après la troisième croi-
sade, y fît construire une chapelle
à l'honneur de la Bienheureuse Vierge
Marie. Ce fait intéressant et peu connu
se trouve relaté dans une charte de
l'an 1223, reproduite par dom Martène.
Nous y lisons : *Capella nostra qu~m in
honore Beatae Mariae Virginis in domo
nostra Sancti Germani in Laia funda-
vimus* (1).

On a beaucoup écrit sur Saint-Germain-en-Laye. — Qui ne connaît pas
les histoires de l'abbé Lebœuf, de Du-
laure, d'Abel Goujon, de Beaurepaire,
de Rolot et de Sivry, de Lacombe et de
Etienne Desforges ? Antérieurement à
ces auteurs, Jacques Antoine, garçon

---

(1) *Collectio Amplissima*, tome I, colonne
1175. L'original de cette charte est conservé
aux Archives nationales.

ordinaire de la Chambre de Louis XIV, avait consacré de nombreuses pages aux antiquités de notre Capitainerie (1). Un de nos savants concitoyens, Napoléon Laurent, décédé en 1889, à l'âge de 82 ans, a publié, dans une feuille locale, l'*Industriel*, de précieuses notes sur notre ville et les environs ; mais jusqu'à ce jour, personne n'avait songé à faire la notice de nos maires, *majores*. Cependant, n'est-il pas juste et utile de garder à la postérité les noms et les principaux actes de ceux qui furent nos premiers magistrats ? cette lacune nous paraissant donc regrettable, nous avons essayé de la combler ; nous avons eu pour guide, dans nos recherches, les archives de l'Hôtel-de-Ville.

Après les maires, nous donnerons

(1) Ouvrage manuscrit dont il existe plusieurs copies : deux à la bibliothèque municipale de Saint-Germain ; une autre au château, enfin une quatrième à la *Bibliothèque nationale, Fonds français*, n° 1448, in-12 de 256 pages.

un autre travail encore inédit : Les
*gouverneurs et capitaines de Saint-
Germain-en-Laye.* Bien que nos ressources fussent très limitées, nous sommes parvenu néanmoins, grâce à des
efforts persévérants, à découvrir la
suite des personnages illustres qui ont
présidé au gouvernement de notre an-
tique château et de ses dépendances,
depuis les premières années du XIIIe
siècle, jusqu'en 1793. C'est à la Bibliothèque nationale, *Section des manus-
crits*, que nous sommes allé chercher
nos documents.

Que nos œuvres soient imparfaites,
nous n'avons à ce sujet aucune illusion;
mais s'il y a quelque mérite d'avoir été le
premier à ouvrir dans le champ de l'histoire locale deux voies nouvelles qui
pourront prendre plus tard de plus lar-
ges proportions, à ce titre, nous espérons trouver auprès de nos lecteurs in-
dulgence et bienveillante appréciation.

MAIRES

DE SAINT-GERMAIN-EN-LAYE

Depuis 1783 jusqu'en 1896

————•◄►•◄►•◄►•————

1. Jean-François Antoine................ 15 février 1783,
2. Louis-Jean-Baptiste de Soulaigre.... 31 juillet 1788,
3. Georges-Laurent Caillet.............. 4 février 1790.
4. Toussaint-Jean-Baptiste de Guienne. 19 novembre 1791,
5. Caillot............................... 16 décembre 1792,
6. Claude Hurand....................... 27 décembre 1793.
7. Philippe Griveau..................... 23 février 1795.
8. Jean-Baptiste Nervo................. 9 juin 1795.
9. Louis de Bruno...................... 6 novembre 1795.
10. Jean-Antoine Proton................ 13 septembre 1797.
11. Jean-Philibert Baudin.............. 27 janvier 1798,
12. Le même par *interim*.............. 20 avril 1800.
13. Louis-Charles de Gauville.......... 12 juin 1800.
14. Jean-Louis Mary par *interim*...... 8 septembre 1804,
15. Ambroise Bournisière de Valmont.. 12 mars 1805.
16. Denis Odiot de Lardillière......... 18 juillet 1809.
17. Pierre Danès de Montardat......... 13 mai 1813.
18. Dupuis par *interim*.............. 30 avril 1815.
19. Denis Odiot de Lardillière......... 13 mai 1815.
20. Pierre Danès de Montardat......... 2 juillet 1815,
21. Philippe-François-Didier Usquin... 18 janvier 1826.
2. Antoine-Louis-Joseph Guy......... 6 septembre 1830.

23	Louis-Alexandre Ducastel p.*interim*.	28 août 1835.
24.	Louis-Xavier Saguez de Breuvery..	14 novembre 1835.
25.	Louis-Alexandre Ducastel (provi.)..	11 juillet 1839.
26.	Petit-Hardel............................ .	6 décembre 1839.
27.	Maurice-Gaspard Michel (provisoire)	16 décembre 1840.
28.	George - Jean - Baptiste - Louis de Goujon de Thuisy	26 avril 1841.
29.	Petit-Hardel (provisoire)..........	13 juillet 1843.
30.	Antoine-Marius Perrache (provis.)..	22 janvier 1845.
31.	Jean Quentin de Villiers...........	25 décembre 1845.
32.	Louis-Xavier Saguez de Breuvery..	17 septembre 1855.
33.	Commission municipale...........	14 septembre 1870.
34.	Louis-Victor Moisson...............	26 mars 1871.
35.	Albert-Désiré Pavard (provisoire)..	11 janvier 1878.
36.	Joseph-Toussaint Salet............	6 février 1878.
37.	Louis-Laurent-Gabriel de Mortillet.	10 septembre 1882.
38.	Barbotte (provisoire)...............	6 mai 1888.
39.	Louis-Léon Radou.................	20 mai 1888.
40.	Paul Frank.......................	18 mai 1890.
41.	Emile Gilbert....................	15 mai 1892
42.	Casimir-Léon Désoyer............	17 mai 1896.

J. DULON, PROFESSEUR

LES MAIRES

DE

Saint-Germain-en-Laye

PARIS

IMPRIMERIE G. CAMPROGER

52, RUE DE PROVENCE, 52

—

1896

LES MAIRES

DE

SAINT-GERMAIN-EN-LAYE

LES MAIRES

DE

Saint-Germain-en-Laye

Depuis plusieurs siècles, c'était aux
soins d'un syndic bisannuel, que se
trouvait confiée l'administration de la
ville de Saint-Germain-en-Laye, quand
un arrêt du Conseil d'Etat (13 avril
1758) vint y établir un corps municipal
composé de vingt-cinq délibérants. Par
cet acte, est-il dit dans l'arrêt, le roi
avait voulu disposer les affaires de la
commune de Saint-Germain de la façon qui lui avait paru la plus conforme
aux intérêts, au bon ordre et à l'union
qu'il désirait voir régner entre les ha-

bitants d'une cité que ses prédécesseurs avaient toujours honorée d'une
spéciale protection (1). Ce corps municipal fut remplacé le 15 février 1783 par
un conseil qui comprenait quatre éche-
vins, un procureur du roi, un trésorier
et un secrétaire sous la présidence
d'un maire, Jean-François *Antoine*.

I

Jean-François *Antoine*, écuyer, porte-
arquebuse du roi, capitaine de cavalerie et chevalier de l'ordre de St-Louis,
nommé maire, comme nous venons de
le dire, le 15 février 1783, fut installé le
6 mars suivant par messire Louis-Bé-
nigne-François Berthier, surintendant
des maisons, finances et domaines de
la Reine; il eut pour conseillers Antoine Laporte, ancien commerçant,

(1) Archives nationales, E. 2590, n° 119.

Henri Laurent, Plumeau, maître-tail-leur à Paris, Louis François, Gaspard Beaunier, procureur du roi en la maîtrise des Eaux et Forêts, Cousin, prévôt de la justice royale, Timothée de la Chambaudière, receveur des imposi-tions, et Lethuillier, procureur; ils de-vaient tous porter dans les cérémonies publiques un costume uniforme : robe noire, rabat et bonnet carré; il fut éga-lement statué que les valets de ville auraient un habit à la livrée du roi, avec un chapeau bordé et une canne argentée.

- C'est sous l'administration de Jean-François Antoine, que Saint-Germain-en-Laye, commence à être éclairé au moyen de reverbères et qu'est faite acquisition d'une nouvelle pompe à in-cendie (1). Un arrêt du Conseil d'Etat, en date du 10 octobre 1786, l'autorise à

---

(1) La première pompe à incendie avait été acquise en 1769.

emprunter 70,000 livres, afin d'accélé-
rer l'ouvrage des aqueducs.

II

Une ordonnance royale datée de Versailles, 31 juillet 1788, porte ce qui
suit : « Sa Majesté voulant dispenser le
« sieur Antoine d'exercer plus long-
« temps ses fonctions de maire de St-
« Germain-en-Laye et se trouvant in-
« formé du zèle, de la capacité et de la
« bonne conduite du sieur Louis-Jean-
« Baptiste de *Soulaigre*, chevalier de
« l'ordre royal et militaire de Saint-
« Louis, ancien mousquetaire, l'a
« nommé à la place dudit Antoine ; veut
« Sa Majesté qu'il jouisse des honneurs,
« autorité, rang attribué à cette charge,
« après avoir été installé selon les for-
« malités requises (1) ».

---

(1) Hôtel de Ville de Saint-Germain-en-
Laye, *Délibérations municipales*, registre 10.

Baptiste de Soulaigre était propriétaire à Saint-Illiers-la-Ville (Seine-et-Oise). En 1789, 15 juillet, il ne put, malgré tous ses efforts, sauver la vie à un meunier nommé Sauvage, que l'on avait saisi, comme accapareur de denrées. Ce malheureux fut attaché au carcan de la ville; un garçon boucher lui trancha la tête et ce hideux trophée fut promené à travers les rues, au bout d'une pique, aux cris d'une multitude insensée. Voici l'adresse que notre maire fit parvenir concernant ce fait à l'Assemblée nationale, le 21 du même mois :

Messieurs,

Nous venons vous offrir l'hommage du plus profond respect, de l'entier dévouement et de la plus parfaite reconnaissance des habitants de Saint-Germain. Vos députés ont rétabli dans notre ville la tranquillité publique. Nous vous apportons les pièces justificatives de l'inno-

-cence de l'infortuné Sauvage, qui a été
.victime de la dernière émeute, et nous
vous supplions d'effacer les préjugés dé-
favorables que cette scène horrible a pu
vous donner sur le compte des habitants
de Saint-Germain-en-Laye. Une foule
d'étrangers qui s'étaient jetés dans notre
ville, avaient médité la mort de ce malheureux ; nous étions nommés pour le
juger, mais au moment où son innocence
allait être reconnue, ces brigands l'ont
arraché d'entre nos mains et l'ont assas-
siné.

Louis de Soulaigre et son Conseil
furent remplacés par un Comité de
24 membres, qui s'occupa sérieusement
d'armer la garde nationale et de pré-
venir les désordres auxquels la disette
pourrait encore donner naissance.

III

Georges-Laurent *Caillet*, ancien officier de la reine Marie-Antoinette, do-

micilié à Saint-Germain (Montagne de l'Hôpital), élu maire le 4 février 1790, par 599 voix sur 891 votants, présida la fête de la Fédération, célébrée sur le Parterre, avec un grand enthousiasme. Quand il eût appris l'arrestation de Louis XVI à Varennes (21 juin 1791), il fit poser les scellés sur les maisons royales de son ressort ; le 2 octobre (même année), sorti à dix heures de l'hôtel-de-ville, avec la garde bourgeoise, il donna lecture de la proclamation ci-après, dans toutes les places publiques :

« Citoyens,

L'Assemblée nationale Constituante, aux années 1789, 1790 et 1791, ayant commencé le 17 juillet 1789, l'ouvrage de la Constitution, l'a terminé heureusement le 3 septembre 1791 ; l'acte constitutionnel a été solennellement accepté et signé par le roi le 14 du même mois ; l'Assemblée constituante en remet le dépôt à la fidélité du

Corps Législatif, du roi, des juges, à la
vigilance des pères de famille, aux époux,
et aux mères, à l'affection des citoyens,
enfin au courage de tous les Français. (1) »

C'est à cette époque que Saint-
Germain-en-Laye devint le siège d'une
justice de paix et d'un district. La justice
de paix s'établit dans une aile du bâti-
ment que les dames de Saint-Thomas
avaient abandonné. Quant aux bureaux
du district, installés d'abord rue de
Poissy, ils seront transportés plus tard,
rue des Récollets (aujourd'hui rue de
Paris), à l'Hôtel de Créquy, que l'on
appelle encore de nos jours : Hôtel du
District. (2)

---

(1) A. Goujon, Hist. de Saint-Germain-en-
Laye (1829). page 191.

(2) Ce district comprenait 63 municipalités
formant 6 cantons. Ceux de Saint-Germain,
Maule, Argenteuil, Meulan, Triel et Poissy.

IV

Toussaint Jean-Baptiste de *Guienne*, un des assesseurs du juge de paix, habitait place Mareil ; élu maire le 19 novembre 1791 (1), il fit agrandir la prison située sur le Vieux-Marché et transférer dans la Maison des Loges les religieux Récollets dont la conduite et les discours n'étaient plus en harmonie avec le nouvel état des choses (2). Le 26 juillet 1792, après avoir promulgué le décret qui déclarait la Patrie en danger, il adressa un pressant appel au courage de ses concitoyens ; des registres d'inscriptions étaient ouverts à l'Hôtel-de-Ville ; cinquante volontaires s'empressèrent d'y

---

(1) Il avait réuni en sa faveur 378 suffrages.

(2) Les Récollets s'étaient établis à Saint-Germain au mois de mars 1619.

apposer leurs noms, et bientôt ces dip-
tyques se trouvèrent couverts d'un très
grand nombre de signatures. Le 10
août, le bruit ayant couru que le Car-
rousel était inondé du sang des Pa-
triotes, de Guienne se hâta d'envoyer
dans la capitale deux cents hommes
armés, mais qui revinrent le lendemain, sans avoir pris part aux événe-
ments de la veille. Le 11 octobre, il
chargea le citoyen Journée de faire, sur
les différentes places de la Ville, lecture de la loi qui abolissait la royauté
en France. (1)

V

Caillot.—Au mois de novembre 1792,
les quatre sections de Saint-Germain
procédèrent à l'élection d'un nouveau
maire ; la première section fournit 64

---

(1) Voir *Délibérations municipales*, registre 10.

votants; la deuxième, 140; la troisième, 151 et la quatrième, 102. Caillot obtint 149 voix; de Guienne, 131 et Caillet, 171. Un second tour devenu nécessaire donna la majorité au citoyen Caillot (1). C'est sous son administration (4 février 1793), que furent renversées les croix de Noailles, de Saint-Simon, de la Pucelle et de Montchevreuil (2). Dans les premiers jours de juin (même année), une hausse subite étant survenue dans le prix des farines, Caillot crut devoir fixer le pain de huit livres à 28 sous, au lieu de 26 qu'on le payait la veille; mais à peine la nouvelle taxe eût-elle été publiée que des femmes en grand nombre se portaient à la Halle, demandant à hauts cris que

(1) Il réunit en sa faveur 327 suffrages.

(2) Ces croix se trouvaient dans la forêt de Laye; elles ont été rétablies, sauf celle de Montchevreuil.

le pain restât fixé à 26 sous. L'autorité
dut céder devant leurs menaces.

Le 8 octobre suivant, Charles Delacroix, commissaire de la Convention
nationale dans le département de Seine-
et-Oise, remplaça notre municipalité
par les citoyens Hurand, Deschamps,
Alain, Meslin, Breston, Bardou, Du-
saultoir, Truchet, Lemaire, Coneim,
Bussière et Marcus. Par cet acte, Delacroix n'entendait pas incriminer le
patriotisme des magistrats précédents;
mais dans la situation difficile que tra-
versait la chose publique, il fallait à
Saint-Germain, d'après son jugement,
une autorité plus active et plus éner-
gique.

VI

Claude *Hurand* avait vu le jour à Paris (paroisse Saint-Séverin), le 12 septembre 1738; nommé maire de Saint-

Germain par Charles Delacroix, il jura
entre les mains de ce dernier de main-
tenir de tout son pouvoir l'unité et l'in-
divisibilité de la République, d'exercer
avec courage les fonctions importantes
qui lui étaient confiées, enfin de mourir vaillamment à son poste, si le besoin le demandait (1).

Tous les membres de la nouvelle administration devaient se couvrir du
bonnet rouge, durant les séances offi-
cielles ; un de leurs premiers actes fut
de changer le nom de Saint-Germain-
en-Laye, contre celui de Montagne-de-
Bon-Air : en outre, ils décrétèrent que
désormais la rue des Récollets s'appel-
lerait rue de Paris ; la rue des Ursulines, rue de l'Unité ; la rue de Lor-
raine, rue Voltaire ; la rue de la Salle,
rue Brutus ; la rue Saint-Pierre, rue

(1) *Délibérations municipales*, registre 15
folio 8.

2

Guillaume-Tell; la rue de l'Intendance, rue Scévola; la rue des Ecuyers, rue des Piques; la rue de Noailles, rue de Beaurepaire; la rue de la Procession, rue Pelletier; la rue aux Prêtres, rue des Réformés; la rue Saint-Jacques, rue de l'Egalité; la rue Saint-Christophe, rue de la Liberté; la rue de Pologne, rue J.-J. Rousseau; la rue de la Paroisse, rue de la Surveillance; la rue Neuve-de-l'Eglise, rue des Droits de l'Homme; la rue de l'Aigle-d'Or, rue de la Montagne; la place du Château, place de la Fraternité; la place de la Croix-Dauphine, place de la Réunion; la place Royale, place de la Révolution; la place Saint-Pierre, place de l'Abondance; la place du Cimetière, place de la Loi; la porte Dauphine, Porte-Champêtre; la Grille Royale, Grille Nationale. Les quatre sections de la ville prirent aussi des appellations analogues à la circonstance; la

première se nomma section de l'Unité ;
la deuxième, section de la Fraternité ;
la troisième, section de l'Egalité et la
quatrième, section de la Liberté.

Le 16 mai 1794, Claude Hurand remit
à la Convention nationale une adresse
d'où nous extrayons le passage suivant :

Législateurs,

La Communauté de Montagne Bon-
Air nous charge de vous féliciter sur vos
glorieux travaux, sur votre attention in-
fatigable à foudroyer toutes les factions
de quelques masques dont elles croient
pouvoir se couvrir, enfin sur votre *Décret*
à jamais mémorable qui proclame l'Existence d'un Etre suprême et de l'immorta-
lité de l'âme. Législateurs, si jamais vous
pouviez courir quelque danger, les habitants de Montagne Bon-Air se porteraient
en masse pour vous faire un rempart de
leurs corps. Vous sauver ou mourir serait pour eux, un devoir et un honneur
qu'ils disputeraient à tous les vrais républicains.

Juge de paix de Saint-Germain-en-Laye (*intra muros*) avant d'en être maire, Claude Hurand mourut le 22 décembre 1815, dans son domicile, rue de Poissy (1) ; nous lisons dans son acte de décès « qu'il était veuf en premières noces de Marie-Jeanne-Constance Meauroy et époux en deuxièmes de Blandine Dautereau ». Il nous reste de lui un portrait dont M. A. Fournez, propriétaire à Saint-Germain-en-Laye et inspecteur des Monuments et Antiquités pour l'arrondissement de Versailles, a eu l'obligeance de nous donner la description suivante :

« Ce portrait en buste de 0^{m}65 centimètres de haut est entouré d'un cadre ovale à bords dorés Louis XVI; d'après ce portrait, le citoyen Claude Hurand semble avoir 45 à 50 ans; il porte la

---

(1) C'est sous son administration, 1er pluviôse an II (20 janvier 1794) que la paroisse de Saint-Léger fut réunie à Saint-Germain.

perruque à marteaux avec queue par
derrière nouée d'un ruban noir ; son
teint est clair ; ses yeux bleus, de
moyenne grandeur, sont surmontés de
sourcils châtains ; barbe complètement
rasée ; nez légèrement pendant à l'extrémité ; bouche presque souriante ;
menton rond ; visage ovale ; le cou
orné d'une cravate blanche montante ;
habit bleu de ciel en satin avec bou-
tons recouverts de la même étoffe. Le
col de l'habit peu haut et droit est dé-
gagé par devant et laisse voir la cravate ; gilet pompadour, satin fond
blanc avec semis de roses à tiges vertes ;
chemise à petit jabot de toile tuyauté
par le haut. »

VII

Philippe *Griveau* était né à Paris en
1752 ; André Dumont, représentant du
peuple, le plaçait au nombre des

hommes connus par leur civisme, leur probité et leur horreur pour le régime qui avait précédé le 9 thermidor (1) ; Maire de Saint-Germain dès le 23 février 1795, il envoya les citoyens Rolot et Dusaultoy dans le district de Gonesse et de Pontoise, afin d'y chercher les moyens de pourvoir à la subsistance de ses administrés, lesquels se trouvaient dans une profonde misère : ils n'avaient guère plus pour nourriture qu'un mauvais pain de son et la chair des chevaux malades que l'on abattait dans la forêt, à *la Butte-du-Houx*.

Ce maire a sa tombe dans notre ancien cimetière ; voici en quels termes est rédigé son acte de décès : « Philippe Griveau, ancien juge honoraire au tribunal de Versailles, âgé de 84 ans 8 mois, époux de Marie-Anne Jacque-

---

(1) Philippe Griveau était alors un des membres qui occupaient le tribunal du district de St-Germain-en-Laye.

lot, est décédé le 1ᵉʳ août 1836, à quatre
heures du matin, en sa maison, rue de
Pologne, 62, sur la déclaration de Philippe Griveau, avoué, demeurant au
Havre, fils du défunt, et de Jules Ches-
neau, négociant, rue du Vieux-Marché ». Sa fille, Sophie Griveau, mariée
à Jean-Jacques Quedeville, rentier, est
décédée, rue de l'Eglise, 19, le mois
d'octobre 1859; elle avait 66 ans, 5 mois.

VIII

Nommé maire le 9 juin 1795, *Jean-
Baptiste Nervo* déclara qu'il était sin-
cèrement attaché à la République et
qu'il vouait à la Monarchie une haine
éternelle. Quelque temps après, il
transféra devant le château du Val, la
fête de Saint-Fiacre, qui se tenait alors
comme de nos jours, dans l'asile des

anciens pères Augustins (1). Malgré
tous ses efforts, il ne put empêcher
deux cents de ses concitoyens d'aller
se joindre aux ennemis de la Convention nationale ; mandé à Paris pour y
expliquer sa conduite, voici quelle fut
sa réponse : « Le 12 vendémiaire, un
citoyen de la *section* du Théâtre Français, nous remit une lettre qui nous
invitait à nous rendre en armes dans la
Capitale; nous le fîmes arrêter provisoirement. Le lendemain, plusieurs autres
individus se disant munis de pouvoirs,
au nom de la *Section* Lepelletier, vin-
rent nous faire la même proposition ;
la municipalité voulut les arrêter, mais
les hommes dont ils étaient suivis s'y
opposèrent énergiquement. Le soir,
vers dix heures, le commandant de la
force armée qui paraissait pris de vin,

---

(1) Le motif de ce transfert était que le
Gouvernement avait fait établir une pou-
drière aux Loges.

demanda que l'on marchât sur Paris. La municipalité ayant répondu par un nouveau refus, ces gens-là enfoncent les portes des magasins et se munissent de poudre et d'armes. Dès ce moment, il nous devint impossible de les contenir. » Charles Delacroix qui avait destitué Nervo, le rétablit dans ses fonctions, espérant que désormais, il les remplirait avec l'énergie qui doit caractériser les vrais républicains.

IX

Originaire de Chandernagor (Indes-Orientales), savant physiologiste, rentier et propriétaire à St-Germain-en-Laye, *Louis de Bruno* fut placé à la tête de notre municipalité, sous le titre de président, le 6 novembre 1795 (1); il

(1) La Constitution du 5 fructidor, an III, (28 août 1794) donnait aux chefs des municipalités, le titre de président ; mais le nom de maire leur a été rendu par la loi du 28 pluviose, an VIII (février 1800).

fit la déclaration suivante : « je certifie que je n'ai provoqué, ni signé aucun acte, ni arrêté séditieux et contraire aux lois, et que je ne suis point parent ou allié d'émigré aux degrés définis par l'article 2 de la loi du 3 brumaire, au moins à ma connaissance. » La garde nationale ayant été réorganisée, il la passa en revue sur le Parterre, recommandant aux nouveaux officiers d'obéir religieusement à leur chef, le citoyen Gault, en tout ce qu'il leur ordonnerait pour la sûreté des habitants, la garantie des propriétés et le service de la République. La *Fête des époux* que l'on célébra le 29 avril 1796 fut sans éclat ; aucun des jeunes couples pour qui elle avait été établie ne voulut y prendre part ; presque aussi triste fut la *Fête des vieillards* ; les héros du jour n'y parurent qu'en petit nombre, à cause, dit le procès-verbal, du froid qui régnait alors. A la *Fête de la jeu-*

nesse, Jérôme Bonaparte, âgé de 14 ans, élève de l'institution Mestro, obtint le prix de géographie.

Louis de Bruno, marié à Josèphe Law, mourut à Saint-Germain, rue de Pontoise, le 23 mai 1814, à l'âge de 75 ans. On peut le regarder comme auteur des *Principes et des Procédés du Magnétisme animal et de leurs rapports avec les lois de la Physique et de la Physiologie*, par de Lauzanne, Paris, 1819, 2 volumes in-8°. Et, en effet, selon la remarque d'Abel Goujon, cet ouvrage serait extrait en grande partie de celui qui avait été composé par feu Louis de Bruno, et dont le manuscrit avait été remis à l'éditeur par M. Gombault, à qui il appartenait. (1)

----

(1) Histoire de Saint-Germain-en-Laye, page 464.

X

Jean-Antoine *Proton*, épicier, rue de Pontoise, présida environ quatre mois la municipalité de Saint-Germain. Voici les actes que nous avons à signaler pendant son administration :

— 13 novembre 1797. On ordonna la construction d'un réservoir de cent muids d'eau sur la place du Marché-Neuf.

— Les bâtiments occupés autrefois par les dames de Saint-Thomas de Villeneuve, sont ouverts à l'exercice d'un culte que l'on appelait *théophilanthropique* et dont l'ensemble des cérémonies consistait surtout en discours, prières et cantiques ; on alla, dit un auteur, « visiter cette réunion par curiosité ; mais la curiosité est un sentiment passager et cette secte dura si peu de temps à Saint-Germain, que l'histoire, en lui assignant une mention légère, marque à peine le court intervalle qui sépare sa naissance de sa fin (1). »

Le 16 janvier 1798, Saint-Germain fut classé parmi les places de guerre et depuis cette époque, il n'a pas cessé d'avoir une garnison. Cinq jours après, par ordre de l'autorité publique, des arbres de la liberté furent plantés sur les places de Mareil et du Marché (2).

XI

Jean-Philibert *Baudin*, chef d'institution, né à Saint-Germain le 25 décembre 1748, avait pour père Antoine Philibert Baudin et pour mère Charlotte de Villiers. Elu président de la municipalité le 27 janvier 1798, il eut pour collègues : Pierre-Nicolas Hébert,

---

(1) Abel Goujon, *hist. de Saint-Germain-en-Laye*, page 214.

(2) Rolot et de Sivry, *Précis histor.*, page 238.

fabricant de bas; Pierre François, cul-
tivateur ; Charles Armand ; Dominique
Delagrange ; Martin Marcus, officier
de santé; Barthélemy-Louis Hardel,
entrepreneur de bâtiments ; Marc-
Henri Feraud; Louis Caby; Etienne
André; Saintonge et Jean-François Ni-
cole (1). Le 21 mars 1798, *fête de la
Souveraineté populaire*, il fit la réponse
suivante à une longue allocution du
citoyen Courant : « Oui, le peuple a su
par son courage, reconquérir ses droits
depuis trop longtemps méconnus ; il
saura les conserver par l'usage qu'il en
fera, il doit se souvenir de ce précepte
qu'il a lui-même consacré par sa charte
constitutionnelle, savoir : *C'est de la sagesse des choix dans les assemblées pri-
maires et électorales que dépendent
surtout la durée, la conservation et la
prospérité de la République.*

---

(1) *Copies de lettres*, à l'Hôtel de Ville,
Registre 1.

Le mois de juillet suivant, un de ses arrêtés portait que les fêtes de Saint-Louis et de Saint-Fiacre seraient appelées à l'avenir : *Foires de la Porte d'Hennemont et des Loges*. En 1799 fut célébrée sur le Parterre une pompe funèbre en mémoire de nos plénipotentiaires tués au Congrès de Rastadt (Grand Duché de Bade). Le discours vraiment magistral que notre président prononça en cette circonstance, se terminait par ces vers de Racine :

« Vengeons-nous, j'y consens, mais par
   [d'autres chemins,
Soyons des ennemis et non des assassins(1).»

Le 21 septembre (anniversaire de la fondation de la République) devant une foule immense, Baudin invita ses compatriotes à abjurer leurs funestes

---

(1) Voir Délibérations municipales, Registre 18.

divisions; puis, les mains tendues vers l'autel de la Patrie, il prêta en ces termes le serment civique : « Je jure de m'opposer de toutes mes forces au rétablissement de la royauté en France et à toute espèce de tyrannie ». Nommé maire provisoire le 2 avril 1800, il termina sa vie à l'âge de 69 ans, 7 mois, en son domicile, rue au Pain ; il avait pour femme Marie-Charlotte Boulanger. C'est pendant son administration que fut établi l'octroi de St-Germain-en-Laye. (1)

XII

Louis-Henri-Charles *de Gauville*, ancien député, élu maire le 12 juin 1800, eut pour adjoints Bournisien_de

---

(1) Le premier directeur se nommait Royer Raphaël. Voir *Recueil des Arrêtés municipaux* par G. A. Corti, commissaire de police, 2ᵐᵉ série, page 37.

Valmont et Jean-Louis Mary. Le jour où l'on fêta la Paix de Lunéville, paix qui devait être l'origine de nos malheurs comme de nos gloires, il convoqua tous ses collègues et après leur avoir fait entendre combien il était urgent de faire au bonheur de la nation le sacrifice de tout esprit de parti, il voulut que l'on appelât *Place de la Paix* le quinconce nouvellement établi sur le *Parterre*, *Allées de la Réconciliation* les allées qui en formaient l'enceinte, *Salon de l'Oubli*, l'emplacement intérieur. Dans la soirée, grande illumination à l'Hôtel de Ville dont le frontispice portait ces mots : *Bonaparte et la Paix*. La signature du Concordat donna également sujet à des réjouissances publiques. A cette occasion, le maire avait fait publier que deux mariages auraient lieu en faveur de deux jeunes filles les plus travailleuses et les plus sages, et

3

qu'une dot de 500 fr. serait accordée à chacune d'elles (1).

Charles de Gauville passait aux yeux de ses contemporains pour un magistrat aussi rempli de zèle que d'intelligence ; mais la postérité plus froide et souvent plus juste dans ses jugements, lui reproche d'avoir livré, sans réclamation aucune, au préfet de Seine-et-Oise cinq mille volumes qui avaient été destinés à former une bibliothèque dans l'Hôtel de la Chancellerie, rue de Pontoise; il quitta notre cité le 20 décembre 1808 pour aller établir son domicile dans le Pas-de-Calais. Sur sa demande sérieusement motivée, on avait rappelé à Saint-Germain les Frères des Écoles ainsi que les religieuses de Saint-Thomas de Villeneuve.

(1) Obtinrent cette dot : Marie-Marguerite Jouanisse et Geneviève-Madeleine Guillery; la première demeurait rue au Pain, et la seconde rue de Pologne.

Ces dernières furent autorisées à rentrer
en possession de leur ancien local, tou-
tefois à la condition expresse de secou-
rir les pauvres ou d'instruire gratuitement un certain nombre de jeunes filles.

XIII

Jean-Louis *Marie*, propriétaire et
banquier à Saint-Germain-en-Laye,
nommé maire par *intérim* le 8 septembre 1804, envoya au sacre de Napoléon deux représentants de la garde
nationale : Antoine Noverre de Séri-
court et Pierre-Hippolyte Lemoine. La
façon dont il géra les affaires de la
ville, lui valut l'approbation du Préfet
de Seine-et-Oise (1). C'est un magistrat dont il est juste de perpétuer le
souvenir ; il fit un don de 200 francs au
Bureau de bienfaisance pour distribuer

---

(1) *Copies de lettres*, à l'Hôtel de Ville, registre 4.

du pain aux pauvres qui auraient le plus d'enfants.

XIV

Ambroise Bournisien de Valmont, natif de Saint-Aubin, près Gaillon (département de l'Eure), ancien maître des Comptes de Normandie, fut installé en qualité de maire de Saint-Germain-en-Laye, le 12 mars 1805. Un de ses arrêtés qui contient 18 articles, débute en ces termes : « Considérant que les lois et règlements sur la police ont pour objet la santé des citoyens, la sûreté de leurs personnes, la conservation des propriétés et même l'intérêt des artisans et des commerçants, il est du devoir de tout magistrat de rappeler quelquefois ces actes bienfaisants à ses administrés et de veiller au maintien de leur exécution. » L'article 12 défend aux maîtres compagnons et apprentis serruriers de faire aucune clef sur des modèles, sans avoir entre les mains la serrure pour laquelle elle est destinée ; défense est faite également aux ferrailleurs et autres marchands d'exposer en vente de vieilles clefs et d'en vendre, si ce n'est aux maîtres serruriers.

Bournisien de Valmont mourut à l'âge de 53 ans, le 18 mai 1809, emportant avec lui le regret de ses administrés (1) ; sa veuve, née Ponchon de Fréville, offrit à notre municipalité le transfert d'une inscription de 50 francs de rente sur l'Etat, pour se libérer, ainsi que ses enfants, d'une rente de pareille somme, léguée au Bureau de bienfaisance par feu son mari (2).

XV

Ancien avocat, notaire à Saint-Ger-

---

(1) *Registre* de l'Etat-civil, *Actes de décès* ; *Copies de lettres*, registre 4.
(2) *Délibérations municipales*, registre 23.

main-en-Laye où il avait vu le jour le
4 août 1750, nommé maire le 18 juillet
1809, Denis Odiot de Lardillière fut installé par son premier adjoint d'une
façon solennelle et imposante ; trois
jours après, il adressa à la garde nationale une proclamation où il disait (1).
« La Patrie et Napoléon vous appellent;
obéissons à leurs voix ; qu'il sera doux
de prouver en ce moment votre amour
à celui qui, du milieu des camps, or-
donne dans cette commune des travaux
dont les heureux résultats se répan-
dront sur chacun de vous! Il le sera
également pour moi de débuter dans
ma carrière par le bonheur de faire
connaître votre dévouement à Sa Majesté. » Il annonce ensuite qu'un registre est ouvert à la mairie pour recevoir

(1) Mᵉ Duval, notaire, à Saint-Germain-en-
Laye possède un exemplaire de cette proclamation, imprimée par J. Foirestier, rue
du Vieil-Abreuvoir, nᵒ 3, *Hôtel Montauzier*.

les noms des braves qui voudront marcher à la victoire ; sa proclamation se termine par un pressant appel à tous, jeunes et vieux, dont Napoléon à son retour saura récompenser noblement les services rendus à la patrie.

Remplacé en 1813 par Danès de Montardat, maire pour la seconde fois en 1815 (interrègne des Cent-Jours), Odiot de Lardillière mourut à l'âge de 68 ans, dans son domicile, rue de Poissy, le 13 décembre 1818 (1). De son administration date à Saint-Germain la fondation d'un collège communal dont le grand maître de l'Université définit le régime en 1812, mais qui sera supprimé en 1814. Le préfet de Seine-et-Oise disait en parlant de ce magistrat : « Nous avons un bel exemple à « suivre dans le zèle empressé et vrai-« ment patriotique qu'il a mis à défen-

---

(1) Registre de l'état civil, actes de décès.

« dre les intérêts de sa commune, à
« procurer des subsistances à ses con-
« citoyens en des moments difficiles et
« dans son activité à seconder les me-
« sures du gouvernement, pour pour-
« voir aux moyens de réorganiser nos
« armées, moyens dont le héros qui
« nous gouverne a su en si peu de temps
« tirer les plus grands avantages (1). »

XVI

Pierre Danès de Montardat, né à
Lavit-Lomagne (Tarn-et-Garonne) fut
maire de Saint-Germain-en-Laye pendant treize ans environ. Le 4 septembre
1813, l'impératrice Marie-Louise étant
de passage dans nos murs, il alla, suivi
d'une foule immense, lui souhaiter la
bienvenue à la Grille de Poissy, où l'on
avait érigé un superbe arc-de-triomphe.

(1) *Délibérations municipales.* Registre 21,
folio 187.

Révoqué de ses fonctions le 2 mai 1815, il les reprit le 2 juillet suivant par ordre du général Blücher (1). On lui vota en février 1816, une épée d'honneur que M. Parthon, juge de paix, remit entre ses mains en lui disant :

« Monsieur le Maire, depuis le commencement de votre administration, vous n'avez cessé de travailler pour la prospérité de la ville de Saint-Germain-en-Laye et le bonheur de ses habitants. C'est surtout dans les deux crises que nous venons d'essuyer par la présence des troupes étrangères que vous avez su redoubler de zèle et d'activité pour alléger le fardeau qui pesait sur vos administrés. Vous êtes parvenu à ce résultat en vous imposant des privations, et faisant des sacrifices de tout genre, dont a été principalement témoin le Conseil municipal qui vous en-

---

(1) Voir le décret de Blücher, dans le registre 22, folio 41. *Délibérations municipales.* Blücher avait établi son quartier général à Saint-Germain-en-Laye

tourait, et cherchait à seconder vos efforts;
il a vu tout ce que vous avez fait; une
épée d'honneur est le don qu'il faut offrir
à un vrai chevalier français qui n'a jamais porté les armes que pour le service
de sa patrie. Cette épée, Monsieur le
Maire, vous a été décernée d'une voix
unanime par le Conseil municipal, à la
tête duquel je viens aujourd'hui vous la
présenter; elle vous est offerte par la reconnaissance; veuillez la recevoir et
puissiez-vous la porter pendant de lon-
gues années. »

C'est aux pressantes et nombreuses
démarches de Danès de Montardat
que Saint-Germain doit ses armoiries :
*d'Azur au berceau semé de lis d'or, ac-
compagné au deuxième point en chef
d'une fleur de lis d'or, et en pointe, de cette
date : 5 septembre 1638, du même.* (1).

_____

(1) Ces armoiries accordées par Louis XVIII
le 17 août 1820, en mémoire de la naissance
de Louis XIV, à Saint-Germain-en-Laye,
ont commencé à paraître sur les actes de

Le 12 août 1821, il posa au quartier des *Joueries* la première pierre d'un nouveau marché aux porcs (1). Une rue pour l'ouverture de laquelle il avait fourni le terrain, porte son nom. On lit sur sa tombe, (ancien cimetière) : *Ici repose le chevalier Danès de Montardat, colonel de cavalerie, chevalier de Saint - Louis, ancien maire de cette ville, décédé le 15 septembre 1829, à l'âge de 82 ans. Sa longue administration fut paternelle et bienfaisante ; le*

---

la Mairie à partir du 1ᵉʳ octobre 1821 ; mais, au lieu d'une couronne murale, la ville avait mis par erreur sur son écusson, une couronne de fantaisie, présentant trois tours, séparées par une fleur de lis. — Auparavant, Saint-Germain avait pour armoiries de temps immémorial le blason de France.

(1) L'affluence des marchands qui se rendaient à ce marché, fournissait à la ville une recette d'au moins 200.000 francs par an.

Conseil municipal, en 1816, lui décerna une épée d'honneur où sont gravés ces mots : *A M. Danès de Montardat, maire de Saint-Germain-en-Laye, ladite ville reconnaissante.* (1).

M. Martin, inspecteur de l'enseignement primaire à Paris, a épousé une des deux arrière-petites-filles de M. Danès de Montardat; l'autre est la femme d'un capitaine qui a été blessé en 1870 et amputé de la jambe droite.

XVII

Notaire royal à Saint-Germain-en-Laye, un des adjoints dans l'administration précédente, Jean-Baptiste-Gabriel *Dupuis* fut maire par *intérim*, du 30 avril au 13 mai 1815. On se plaisait à rendre hommage à sa probité ainsi

(1) Cette épée portait en outre ces mots : *Séjour des troupes alliées sur le territoire de Saint-Germain-en-Laye, en 1814 et 1815.*

qu'à son intelligence, comme le prouve une lettre de M. Danès de Montardat, au préfet de Seine-et-Oise (1).

M. Dupuis remplit provisoirement, en mai 1818, les fonctions de commissaire de police, après la révocation du sieur Schauffile. Son fils également notaire dans notre cité est mort le 20 janvier 1882, léguant 8,000 francs à l'Orphelinat des jeunes garçons, et pareille somme à celui des jeunes filles.

XVIII

Ancien député, chevalier de la légion d'honneur, Philippe - François - Didier *Usquin* fut nommé maire le 18 janvier 1826 et installé le 4 février suivant; après avoir payé à ses prédécesseurs

(1) M. Danès appuyait alors la demande que venait de faire M. Dupuis d'être nommé notaire de l'hospice civil de St-Germain. — Voir *Copies de Lettres*, à l'Hôtel de Ville.

un juste tribut d'éloges, il déclare qu'il fera tous ses efforts pour que la ville de Saint-Germain puisse obtenir les divers établissements que lui rendaient nécessaires sa population et ses besoins commerciaux. Quand il eut fini de parler, un membre du Conseil s'exprima en ces termes :

Monsieur le Maire,

Permettez-moi d'être ici l'organe du conseil municipal, convaincu de n'être désapprouvé par aucun de mes honorables collègues. Les suffrages de vos pairs vous ont fait siéger à la chambre élective. Dans ces temps difficiles votre nom parut toujours sous la bannière de l'honneur et de la fidélité. Vous aimiez à confondre l'amour de la patrie dans celui du souverain.

Aujourd'hui le choix du monarque vous appelle à la première magistrature de cette ville ; votre prédécesseur a marqué sa longue carrière administrative par des établissements utiles ; mais beau-

coup de bien reste encore à faire et ce
sera pour vous une heureuse occasion de
donner un libre essor aux sentiments gé-
néreux qui vous animent. Vous trouverez
un puissant auxiliaire dans les deux
adjoints qui ont été réélus (1); magistrats
éclairés et remplis de zèle, ils aimeront
à partager avec vous le poids de l'administration, et les membres de votre conseil mettront au nombre de leurs devoirs,
celui bien doux de coopérer à tout ce que
vous aurez médité dans l'intérêt de vos
administrés, comme pour la prospérité
de notre chère ville (2).

Le cimetière public étant devenu insuffisant, Didier Usquin s'adressa au
roi Charles X, qui, prenant en considé-
ration l'objet de sa demande, accorda
à notre cité par bail emphytéotique et à
titre gratuit cinquante ares de terrain
du côté de la forêt. Ce nouvel asile de

---

(1) MM. Dupuis et Royer.
(2) *Délibérations municipales*, registre 23,
n° 148.

la mort fut ouvert le 8 juin 1827. La même année, 2 décembre, l'évêque de Versailles vint consacrer l'église paroissiale. On se décida enfin à mettre l'octroi en ferme ; un cahier des charges fut dressé le 17 juillet 1826 et la perception des droits, aux risques et périls du fermier, fut adjugée pour cinq ans, moyennant 108.500 francs par année.

Un arrêté signé Usquin, en date du 30 mai 1829, nous apprend que la fête de Saint-Louis se tenait alors dans la forêt, près la mare de Poissy ; nous lisons dans un autre (3 mars 1827), que la ville pouvait à peine consacrer par an la somme de 3.000 fr. à l'entretien de ses rues.

Didier Usquin a laissé parmi nous la réputation d'un homme bienfaisant et plein d'amabilité ; il avait fait bâtir (Fonds de l'hôpital), dans le voisinage de la chapelle Sainte-Radegonde, une

charmante villa qui lui servit de de-
meure jusqu'à son décès.

XIX

Antoine-Louis-Joseph *Guy*, député
pour le canton de Saint-Germain-en-
Laye, né à Paris en 1790, remplaça
Didier Usquin démissionnaire, le 6 septembre 1830 ; il eut l'honneur de recevoir plusieurs fois, dans sa magnifique
propriété, sise rue Croix-Boissière (1)
la visite du roi Louis-Philippe Ier et
celle des ducs d'Orléans et de Ne-
mours. Réélu maire par ordonnance
royale du 16 décembre 1834, il eut pour
adjoints MM. Barbé et Robinot (2) ; il
disait dans son discours d'installation :

---

(1) Aujourd'hui Giraud-Teulon.
(2) Robinot, décédé à Saint-Germain-en-
Laye, à l'âge de 85 ans, le 22 janvier 1856,
compte parmi les bienfaiteurs de la Bibliothèque Municipale et de l'Hôpital-Hospice

4

« Nous ne formons tous, Messieurs,
« qu'un grand conseil de famille où
« nous sommes appelés à discuter, à
« protéger, comme à défendre les inté
« rêts de la cité commune; tous, nous
« avons des droits égaux à travailler
« au développement de son bien-être et
« de sa prospérité. C'est toujours dans
« vos lumières et dans vos avis que je
« viendrai prendre les éléments néces-
« saires pour arriver à cet heureux ré-
« sultat, fier seulement d'être appelé à
« l'honneur d'assurer et de diriger
« l'exécution des mesures que votre
« sagesse et votre amour du pays vous
« auront inspirées. »

Pendant son administration furent
institués dans notre ville la « Société
Philadelphique », la Caisse d'Epargne
et le Mont-de-Piété. C'est aussi de l'an
1832 que date la première amélioration
importante apportée au service des
eaux : On construisit près du regard de

Montaigu une réserve d'environ 3,000
mètres cubes.

Au cimetière du Pecq est un mausolée où nous lisons :

« Ici repose
Antoine-Joseph Guy, écuyer,
Ancien maire de Saint-Germain-en-Laye,
Ancien député de Seine-et-Oise,
Chevalier de la Légion d'honneur,
Décédé le 5 octobre 1861
Dans sa 72ᵉ année :
Homme de bien,
Sa mort a été celle du juste ;
Que sa mémoire soit bénie ! »

Ce mausolée est construit sur la
première terrasse et adossé au mur de
clôture. On y remarque notamment
un vase de style romain consacré au
souvenir de Madame Sophie Guy,
épouse de M. Raoul Chassinat, morte
le 13 février 1849. Sur le mur de clô-

ture au-dessous du chaperon, une table
en marbre porte ces mots :

*La Société d'Horticulture
De la ville de Saint-Germain-en-Laye
A Antoine-Louis-Joseph Guy,
L'un de ses fondateurs,
Son secrétaire-général
Et son premier vice-président.
Témoignage de reconnaissance
et de regrets.*

XX

Fils d'Alexandre-Jean Ducastel et
de Louise-Basile Colombe, né à Paris
le 13 mai 1793, Louis-Alexandre *Ducastel* vint s'établir en 1813 à Saint-
Germain-en-Laye, où il fut notaire
pendant 15 ans (1). Appelé en 1835,
mois d'août, à remplir les fonctions de

(1) De 1818 à 1833, il devint ensuite président de la Chambre des Notaires.

maire provisoire, il disait au Préfet de
Seine-et-Oise qui était venu l'installer :
« Je suis persuadé que tous, par notre
« zèle, pour les intérêts de la ville,
« nous justifierons le choix dont nous
« avons été honorés. Puissent nos
« concitoyens rendre justice à notre
« dévouement et à nos efforts ! par
« malheur, une dette considérable met
« obstacle, chaque année, à des amé-
« liorations réclamées ; son acquitte-
« ment se fera longtemps attendre, et
« il ne serait possible d'en alléger le
« poids que par des éléments nouveaux
« de prospérité ; si, pour les obtenir,
« Monsieur le Préfet, je devais, pen-
« dant la courte durée de mon admi-
« nistration provisoire, avoir recours à
« votre appui, j'espère pouvoir comp-
« ter sur les bonnes dispositions que
« vous nous avez manifestées. »

Remplacé le 14 novembre 1835 par Saguez de Breuvery, nommé pour la se-

conde fois maire provisoire le 11 juillet
1839, Alexandre Ducastel, dont la bonté,
l'intelligence lui avaient conquis l'affection et l'estime de ses concitoyens,
mourut le 4 avril 1872, en son domicile, rue des Bûcherons n° 7 (1) ; il avait
légué à la cité de St-Germain-en-Laye,
pour contribuer à l'établissement d'un
musée communal, 103 tableaux, 69 gravures ou dessins anciens, 37 recueils
ou albums de dessins, gravures, litho-
graphies, photographies, et 137 objets
d'art ou de curiosité ; il a donné également à notre bibliothèque municipale, une série de médailles commé-
moratives des règnes de Louis XIV et
Louis XV, une boîte renfermant des
spécimens miniatures en plâtre des
principaux ouvrages des sculpteurs
Canova et Thorwalsden, un Recueil
in-folio des plans et vues des châteaux

(1) Il a son tombeau dans notre ancien
cimetière.

de Saint-Germain, Versailles, Marly et Meudon, enfin un grand nombre de livres, parmi lesquels une *Semaine Sainte* ayant été à l'usage de la Dauphine (Marie-Antoinette) et les statuts de l'Ordre de Saint-Michel avec miniatures anciennes (1).

XXI

Jules-Xavier *Saguez de Breuvery*, né à Soissons le 19 janvier 1805, avait pour père Pierre-Madeleine Saguez de Breuvery, ancien chevau-léger de la garde de Louis XVI et pour mère Marie-Anne-Julie Godard de Vingré. Après deux voyages en Orient, il

(1) Pour plus amples détails sur ces divers legs, voir l'*Appendice* de Nap. Laurent à la Notice de M. Dutilleux sur un manuscrit du XVIᵉ siècle: *Statuts* de l'Ordre de Saint Michel. Le nom de Ducastel a été donné à une rue de Saint-Germain.

épousa à Compiègne Mademoiselle
Zélie-Louise, fille de M. Le Clément,
baron de Taintegnies ; puis il vint
s'établir définitivement à Saint-Germain-en-Laye dont il sera maire pendant 19 années. Dans le discours qu'il
prononça le 14 novembre 1835, quand
il eut été installé, par le préfet de
Seine-et-Oise, il disait: « Bonne volonté, zèle, intégrité, voilà ce que peut
promettre l'administration qui arrive
au pouvoir. Quant à l'appui dont elle
a besoin, quant aux lumières qui lui
deviendront chaque jour nécessaires
pour l'éclairer sur les véritables intérêts de la ville, c'est de vous seuls,
Messieurs, qu'elle peut les espérer et
elle compte sur vous. » Deux ans
après, un de ses adjoints, M. Febvrier,
énumérant les travaux accomplis, men-
tionnait, entre autres, les suivants :

1° Construction de la grille de
Poissy.

2º Etablissement de la Pompe à feu (1).

3º Construction de la salle de spectacle.

4º Construction de l'Escalier des Grottes.

5º Renouvellement du bail de l'éclairage, avec adoption d'un nouveau système dans le matériel.

6º Construction d'un bureau d'octroi à la nouvelle grille de Poissy et l'établissement d'un boulevard parallèle à celui déjà existant.

7º Création d'une classe d'adultes, ouverte gratuitement à des ouvriers non fortunés.

Nommé maire pour la deuxième fois le 27 juin 1837, Saguez de Breuvery donna sa démission le 26 juin 1839, à cause d'une perquisition faite à son

(1) Elle fut établie au pied de la terrasse, sur le bord de la Seine ; à cette occasion, la ville contracta un emprunt de 150,000 fr.

insu dans notre ville, par la police de Paris, en vertu d'une commission rogatoire (1). Sous-commissaire du gouvernement en 1848 pour les cantons de Saint-Germain, Argenteuil, Meulan et Poissy, il prit une large part à la construction de la digue qui protège la plaine d'Achères contre les débordements de la Seine ; il fut réélu maire le 17 septembre 1855 et installé, l'année suivante, à la salle des Arts, par le préfet de Seine-et-Oise. Une magnifique coupe qu'on lui offrit le 14 mars 1858 portait ces mots :

Les nouvelles sources de Retz, découvertes par M. de Breuvery, sont réunies au service des eaux. A M. de Breuvery, hommage et reconnaissance des habitants de Saint-Germain.

Le 7 juin (même année) fut inaugurée dans notre cimetière une colonne à la

(1) Voir à la mairie de Saint-Germain, *Copies de lettres*, registre II, n° 272.

mémoire des enfants de Saint-Germain, morts en 1855, pendant la campagne de Crimée. Le discours que le maire prononça en cette solennelle circonstance se terminait ainsi : « Honneur aux braves tombés victimes d'une lutte héroïque! honneur aussi à ceux qui ont revu leurs foyers! Si les braves que nous pleurons ont seuls acquitté la dette du sang, tous ont également acquitté la dette du dévouement à ce drapeau de la France qu'ils ont fait briller d'un nouvel éclat. Puisse le triste et glorieux anniversaire que nous célébrons aujourd'hui rester gravé dans nos cœurs comme il restera inscrit dans les annales de notre cité ! »

Ce fut sur ses pressantes sollicitations qu'un de ses amis, M. Didier Balthasar, marquis d'Ourches, fit un legs universel de 400.000 fr. pour la construction d'un Hôpital-Hospice dans la propriété dite Darloux (1866).

Décédé à Caen où il résidait momentanément, Saguez de Breuvery a sa tombe dans notre ancien cimetière : Voici son épitaphe :

Jules-Xavier Saguez de Breuvery
Ancien maire de St-Germain-en-Laye,
Ancien membre du Conseil général
Et du Conseil municipal,
Chevalier de la Légion d'honneur
Et du St-Sépulcre, officier d'Académie.
Soissons, le 19 avril 1805.
St-Germain-en-Laye, le 27 avril 1876.

Lorsque le nouvel Hôpital-Hospice fut inauguré (1881), on donna à une de ses salles le nom de Breuvery. On l'inscrivit aussi dans la *Grande Galerie* sur le tableau des bienfaiteurs. Une de nos rues rappelle sa mémoire. Parmi les ouvrages dont il est l'auteur, nous devons mentionner plusieurs rapports

très remarquables sur l'Eglise paroissiale (1) et sur les Eaux de la Ville (2).

XXII

Petit-Hardel natif de Saint-Germain-
en-Laye était marchand tanneur et
demeurait route de Fourqueux; il con-
sentit en 1839 à remplir les fonctions
de maire, dans l'espoir qu'une administration définitive pourrait être cons-
tituée dans un prochain délai; mais
comme il s'aperçut que ce moment
était encore fort éloigné, estimant
d'ailleurs fausse la position où il se
trouvait, en remplissant des fonctions
qui appartiennent de droit au membre

---

(1) 10 décembre 1838 ; 23 mars 1841 ; mai
1842 ; avril 1847.

(2) 20 août 1836 ; 15 juillet 1854 ; 28 décembre 1860 ; 4 avril 1863. (Voir *Notice biogra-
phique,* de M. de Breuvery, Caen, 1849 et
Appendice à cette *Notice,* par N. Laurent.

du conseil inscrit le premier au tableau, il demanda au préfet de Seine-et-Oise de vouloir agréer sa démission et celle de ses adjoints. Cette démission fut acceptée. Petit-Hardel sera une seconde fois maire provisoire du 13 juillet 1843 au 22 janvier 1845 ; il présida cette dernière année l'orageuse séance où le conseil municipal vota enfin la somme de 200.000 francs, pour prolonger jusque dans notre cité, le chemin de fer atmosphérique. Vers 1846, il alla s'établir à Paris ; ses intentions étaient des meilleures ; il avait écrit plusieurs fois au comte de Montalivet, intendant général de la liste civile, pour lui demander l'exécution de certains embellissements auxquels donnaient droit à Saint-Germain ses nombreux souvenirs historiques ; il s'étonnait surtout qu'une cité, berceau de Louis XIV, n'eût pas dans son *Parterre* la statue de ce monarque.

XXIII

Maurice - Gaspard *Michel*, nommé
maire provisoire le 6 décembre 1840,
disait en parlant de l'administration
précédente : « Vous savez que Petit-
Hardel auquel je rends hommage ainsi
qu'à ses deux estimables collègues
MM. Laurent et Lallement, pour leur
sage gestion dans les affaires de la
commune, m'a laissé dans son héri-
tage la délicate formation du personnel
de l'octroi. » Or, n'ayant pu s'entendre
sur cette question avec le préfet de
Seine-et-Oise, il lui envoya sa démission, avec une lettre où la fierté se joignait à l'ironie : « Je suis péniblement
affecté, lui disait-il, quand vous me
paraissez croire que je veux faire des
lois; je proteste contre cette allégation;
mais sachez qu'à côté des lois civiles,
il existe une loi supérieure, naturelle,
gravée dans le cœur de tout honnête

homme, qui défend d'agir contraire-
ment à la conscience. J'aime mieux me
taire que de vous faire part des ré-
flexions dont je me sens agité, lorsque
je compare vos manières de procéder.
Je trouve bien surprenant qu'il ait fallu
dix années au directeur des contribu-
tions indirectes pour constater que le
Trésor ainsi que notre ville perdaient
chaque année 10.000 francs, parce que
le personnel de l'octroi gérait mal les
affaires. (1). »

Remplacé le 26 avril 1841 par une
commission municipale (2), Gaspard
Michel mourut à Saint-Germain-en-
Laye, son pays natal, le 15 novembre
1859, en son domicile rue de Pologne ;
il était fils de Jacques-Gaspard Michel,
soldat au 18ᵉ régiment de dragons et

(1) Hôtel de ville, *Copie de Lettres*, registre 10.

(2) Elle était composée de MM. de Thuisy,
maire, Rolot et Sigaux, adjoints.

de Marie-Françoise Houard ; sa veuve,
Claudine-Madeleine Hauducœur, âgée
de 86 ans, demeurant rue des Bûcherons, n° 8 bis, est décédée le 18 janvier
1896.

XXIV

Issu d'une famille dont plusieurs
membres avaient occupé des postes
importants dans la magistrature cham-
penoise, *Georges-Jean-Baptiste-Louis
de Goujon de Thuisy* fut nommé maire
par ordonnance royale du 26 avril 1841;
le préfet de Seine-et-Oise vint présider à son installation. Après un discours où ce dernier témoignait sa joie
de voir enfin aplanies les difficultés
qui, pendant trois ans, s'étaient oppo-
sées à l'existence d'une administration
définitive à Saint-Germain, Goujon de
Thuisy prit la parole en ces termes :

« Permettez-moi, Messieurs, de vous
exprimer en peu de mots les sentiments

5

que j'éprouve ; soyez persuadés que je
ferai tout mon possible pour mériter votre
estime. On ne peut se dissimuler qu'il
faut un grand dévouement pour accepter
les honorables fonctions que je suis appelé à remplir ; le concours des personnes respectables qui veulent bien les partager avec moi, me sera très précieux. Je
sens le besoin de réclamer votre indul-
gence, mais j'ose espérer que vous ne me
refuserez pas l'appui et la confiance qui
me seront nécessaires. Je serais heureux,
si je puis contribuer au bien-être d'une
cité qui nous est chère ; je termine en
priant notre honorable collègue, M. Michel, de vouloir bien agréer nos sentiments de reconnaissance pour la manière
dont il s'est acquitté des fonctions qui lui
avaient été confiées (1) ».

Les conduites des eaux de la ville se
trouvant dans un mauvais état par suite
de leur vétusté, le maire appela main-

(1) *Délibérations municipales* Registre 28,
n° 82.

tes fois sur ce point l'attention du comte de Montalivet; il lui disait dans une lettre, en date du 12 juin 1842, que Saint-Germain serait entièrement privé d'eau, sans le secours d'une pompe à feu dont le fonctionnement a dû être augmenté, ce qui occasionne un supplément de dépenses; il y a peu de temps, ajoutait-il, deux incendies se sont déclarés, rue de Pologne, et, si pareil désastre survenait dans un temps de sécheresse, il serait injuste de faire retomber sur l'administration municipale une responsabilité dont elle cherche à se garantir par d'incessantes réclamations (1).

Ce maire a sa tombe dans l'ancien cimetière, on y lit ces mots :

Ici repose,
Georges-Jean-Baptiste-Louis de Goujon
de Thuisy, chevalier de l'ordre de Saint-
Jean-de-Jérusalem,

_____

(1) *Copies de lettres*, registre 2.

*Né à Richemont, comté de Surrey, en
Angleterre, le 21 juin 1795 et décédé à
Saint-Germain, le 16 avril 1848, à l'âge de
de 53 ans.*

*Appelé en 1841, par les vœux de ses con-
citoyens aux honorables fonctions de maire
de Saint-Germain, il les remplit avec zèle
pendant 3 ans.*

*Véritable chrétien, sa vie toute entière
fut consacrée au bien. Qu'il repose en
paix, celui dont la bénédiction du pauvre
et l'estime de tous ont honoré la mémoire.*

De profundis !

La clef de la principale porte du château de St-Germain (sous Louis XIV),
clef que l'on conserve à l'hôtel de ville,
est un don fait en 1842, par Goujon de
Thuisy.

XXV

Antoine-Marius Perrache, né à Aix,
(Provence) le 9 décembre 1805, vint se
fixer à Saint-Germain en 1827, pour y

exercer la profession de pharmacien ;
son honnêteté, la droiture de son esprit
et l'amabilité de son caractère ne tar-
dèrent pas à lui conquérir la bienveillance de ses nouveaux concitoyens ;
maire provisoire du 22 janvier au 30
décembre 1845, appelé plusieurs fois à
remplir les fonctions d'adjoint, suppléant de la justice de Paix, il mourut
dans sa 80me année, le 4 février 1885, en
son domicile, rue au Pain, n° 35. Ses obsèques se firent au milieu d'un concours
immense d'habitants. Les soins les plus
assidus d'une fille adorée n'avaient pu
le consoler de la douleur que lui avait
causée le décès de sa femme en 1879.
Quelques arrêtés signés Perrache, ont
pour titre : *Bals publics, Bannes fixées
au devant des boutiques, Marché aux
porcs, Parterre et promenades* (1) ; il a
sa tombe dans l'ancien cimetière.

---

(1) *Voir arrêtés municipaux* par C. A. Corti,
commissaire de police; 1891.

XXVI

Jean-Quentin de Villiers, dont le
père avait été officier avec rang de capitaine dans une des compagnies rouges
de Louis XVI, était né à Paris en 1795;
il fit ses études au lycée de Reims et
débuta dans la carrière commerciale; il
fut ensuite admis dans l'administration
des lits militaires à Saint-Germain-en-
Laye, dont il devint maire le 25 décembre 1845; il se rendit en mars 1848,
à Versailles, pour y faire acte d'adhésion à la République; l'adresse qu'il
envoya, le 15 mai suivant, à l'Assemblée
nationale, finissait en ces termes:
« Honneur à vous, honneur à la garde
nationale, à l'armée, à la garde mo-
bile; la journée du 15 mai comptera
dans l'histoire de la civilisation. C'est
la victoire de l'intelligence sur la force
brutale et rétrograde, victoire d'autant
plus belle qu'elle n'aura pas coûté une

goutte de sang ». Le 14 octobre 1849, il inaugura comme *Salle des Arts*, l'ancienne chapelle de la Congrégation des hommes, située rue Neuve-de-l'Eglise (1).

Au mois d'avril 1852, le bruit ayant couru que la commune des Batignolles avait obtenu l'autorisation de transporter au lundi son Marché aux Porcs, il se hâta de faire observer au préfet de Seine-et-Oise que notre cité éprouverait de ce transfert un grand dommage ; elle a dépensé, disait-il, des sommes considérables pour l'entretien de son Marché aux Porcs dont elle est en possession depuis 1526. — Le 12 juin 1854 fut posée et bénite la première pierre de notre abattoir ; on mit dans cette pierre une boîte avec deux plaques, dont une portait ces mots :

---

(1) Aujourd'hui rue de la République n° 3.

« Empire Français
Département de Seine-et-Oise
Ville de Saint-Germain-en-Laye
L'an 1854, le 12 juin
La première pierre de l'abattoir
A été posée par M. Quentin de
Villiers, maire, en présence
De MM. Petit et Fessard, adjoints,
Nicolle, architecte du monument
Et du Conseil municipal. »

Quentin de Villiers cessa les fonctions de maire le 17 septembre 1855 ; mais, jusqu'à son décès, il consacra les loisirs que lui laissait une belle fortune, à veiller aux intérêts de ses anciens administrés. On lit sur sa tombe (ancien cimetière) :

« Ici repose
Jean Quentin de Villiers
Chevalier de la légion d'honneur,
Ancien maire de Saint-Germain-en-Laye,
Trésorier de l'Orphelinat des garçons.
Décédé en 1874, à l'âge de 69 ans.

C'est pendant son administration que l'on fonda dans notre cité la *Société d'Horticulture*, que le chemin de fer fut amené sur la place du Château, et que l'on construisit un aqueduc destiné à conduire jusqu'à la Seine les eaux de la ville, reçues auparavant par les mares de la forêt (1).

XXVII

Nous voici arrivé à cette année terrible dont la France gardera un souvenir implacable jusqu'au jour où, soit par les idées, soit par les armes, elle aura noblement vengé ses malheurs immérités. C'était le 14 septembre 1870 ; en raison des circonstances actuelles, le Préfet de Seine-et-Oise nomma à Saint-Germain une commission muni-

(1) On trouvera dans l'ouvrage de M. A. Corti, commissaire de Police, plusieurs arrêtés signés : Quentin de Villiers.

cipale dont les membres s'empressèrent de publier la proclamation suivante :

« Citoyens,

« Au milieu des cruelles épreuves que
subit la patrie, M. le Préfet nous a dé-
signés pour administrer provisoirement
les affaires de la ville. Si nous pensons
que notre devoir est d'accepter le mandat
qui nous est confié, nous sommes en
même temps convaincus qu'il nous sera
moins difficile, grâce à votre patriotisme.
Et bientôt, nous l'espérons, lorsque des
temps meilleurs seront revenus, nous re-
mettrons nos pouvoirs entre les mains
des citoyens que vos suffrages nous auront donnés pour successeurs. »

A cette Commission composée d'a-
bord de MM. Evrard de Saint-Jean,
Choret, Pector, Rapin, de Nézot, Vau-
canu, Moisson, Legrand et Carel, furent ensuite ajoutés les noms suivants :
MM. Lamarre fils, Salet, Drouin, Ca-

gnard, de Mortillet, Delarbre, Rambey, Coste et Mayer.

Le 20 septembre, dans la matinée, quatre dragons prussiens venus à la Mairie, déclarent que la ville sera respectée si la population ne manifeste point de sentiments hostiles. Le même jour, vers six heures, arrive un détachement conduit par des officiers à à cheval : « J'ai un pénible devoir à remplir, dit l'un d'eux ; il faut que dans une heure on verse une contribution de guerre de cent mille francs, autrement Saint-Germain sera brûlé. » La commission municipale, après avoir vainement parlementé, fait annoncer cette demande à son de caisse, et invite les habitants à apporter à l'Hôtel de Ville les sommes dont ils peuvent disposer. A sept heures, comme le versement des fonds commençait à se faire, une première détonation se fait entendre, trois autres suivent de cinq en cinq minutes. Deux obus tombent dans la caserne, un autre sur la coupole de l'église paroissiale et un quatrième sur une maison de la rue de l'Aigle-d'Or (1). Sur ces entrefaites, vient le lieutenant d'un bataillon de chasseurs ; on l'informe de ce qui se passe ; « il doit y avoir, dit-il, un malentendu ». Enfin, grâce à son intervention, il est accordé jusqu'au lendemain pour effectuer le versement exigé. MM. de Nézot et Cagnard, qui avaient été retenus, commes otages, sont mis en liberté ; d'autre part le général Von Redern consent à réduire à dix mille francs la contribution de guerre. Ces dix mille francs remis d'abord à titre de dépôt, seront plus tard définitivement conservés, sous prétexte que les habitants n'avaient point livré à l'autorité prussienne un paquet qui

_____

(1) Maison dite, il y a quelques années, Hôtel de Retz.

avait été jeté d'un ballon dans le jardin des Dames de la Nativité.

Ce fut le 12 mars 1871 que les troupes étrangères évacuèrent entièrement Saint-Germain-en-Laye ; les dépenses occasionnées par l'occupation s'étaient élevées à la somme de *un million-cent soixante-onze mille-sept cent-quatre-vingt-trois francs.*

XXVIII

Louis-Victor Moisson, né aux Planches (Eure), le 5 janvier 1831, notaire à Saint-Germain-en-Laye, membre, puis président de la commission municipale, pendant l'occupation allemande, fut élu maire le 26 mars 1871 ; quand il inaugura le monument élevé dans le cimetière à la mémoire des victimes de la dernière guerre, « notre cité, disait-il, doit être fière du dévouement dont ses enfants ont fait preuve devant l'ennemi et du courage héroïque avec lequel ils

ont subi leur sort, soit dans les ambu-
lances, soit sur les champs de ba-
taille (1) ». Avec lui le service des eaux
prit un développement considérable (2);
bâtir un nouvel Hospice-Général était
une de ses plus chères préoccupations;
il avait recueilli à cet effet des sommes
importantes, mais il ne lui fut pas permis de continuer cette œuvre; à la suite
des élections de janvier 1878, il rentra
dans la vie privée, et le 6 octobre 1883,
une foudroyante congestion cérébrale
vint le ravir à l'affection de sa famille;
il était âgé de cinquante-deux ans onze

---

(1) Ce monument a sept mètres de haut.
Sur la face principale du piédestal, on lit :
*A ses enfants, morts pour la Patrie, la Ville
de Saint-Germain-en-Laye*, et sur la face
opposée : *Aux soldats morts dans les ambu-
lances à Saint-Germain-en-Laye.*

(2) En 1875-1876, établissement d'une nouvelle pompe à feu, remplacement de la conduite d'ascension, etc., 324,000 francs.

mois. On prononça sur sa tombe plusieurs discours que l'on peut résumer ainsi : « Victor Moisson laisse à Saint-Germain un souvenir impérissable; sa mort a été un deuil public. Sa charité sans bornes, sa bienveillance éclairée, sa droiture, sa parfaite honorabilité nous serviront souvent de texte dans nos entretiens. » Son nom est inscrit sur le tableau des Bienfaiteurs dans la galerie de l'Hôpital-Hospice.

XXIX

Aux élections municipales du 6 janvier 1878, *Albert-Désiré Pavard*, ayant obtenu 1.987 voix sur 2.255 votants, un arrêté du Préfet le nomma maire provisoire et il garda ce poste jusqu'au 6 février suivant. Bon, affable, sachant concilier la douceur à l'autorité, il mourut le 8 avril 1888. Ses restes furent déposés dans notre ancien cimetière ; sa tombe porte cette épitaphe :

« Albert-Désiré Pavard, brasseur,
Officier d'Académie, ancien adjoint
Au maire, ancien juge au Tribunal
De Commerce de Versailles, vice-président
Du Syndicat des Brasseurs de France,
Président de l'Union du commerce
Et de l'industrie, né à Janville
Le 1er mai 1839, décédé à
Saint-Germain-en-Laye
le 8 avril 1888. »

XXX

Marseillais de naissance, *Joseph Toussaint Salet*, après de solides études à Paris, alla remplir à Bordeaux, dans l'*Asile d'Aliénés*, les fonctions de médecin en chef ; c'est en 1867 qu'il vint s'établir à Saint-Germain-en-Laye. Nommé maire le 6 février 1878, il disait à ses collègues : « Quelle que soit notre bonne volonté, la tâche que nous avons à remplir sera encore plus grande ; il nous faudra activer la construction du nouvel Hospice, nous occuper du collège, des orphelinats, de nos écoles publiques et de la translation du cimetière ; il nous faudra aussi résoudre la question du grand réservoir pour les eaux et compléter, du moins en partie, notre système d'égouts. »

Sur son initiative s'ouvrit une souscription publique pour élever à la mémoire de M. Thiers, un monument dans la ville de Saint-Germain où il était mort, le 3 septembre 1877, au *Pavillon* Henri IV. Le 13 juillet 1878 fut bénite la première pierre du nouvel Hôpital-Hospice ; Toussaint Salet prononça à cette occasion un discours vraiment magistral ; après avoir fait un lumineux historique de cet établissement, il en mentionne les principaux bienfaiteurs, tels que le marquis d'Ourches, Claude Lamant, le baron et la baronne Gérard; puis il s'écrie : « Merci à vous tous qui avez apporté la première

6

pierre de cette noble entreprise; vous tous, donateurs connus ou inconnus, recevez ici l'expression de la profonde gratitude que vous adresse par ma voix la population tout entière de notre cité. »

Maire jusqu'en 1882 (mois de septembre) chevalier de la légion d'honneur, membre du Conseil départemental d'hygiène, courageux et opiniâtre adversaire du Projet du déversement des eaux d'égoût dans notre belle forêt, Salet a cessé de vivre en 1894, dans son domicile, rue de Pontoise. Ses restes furent transportés au cimetière du *Père-Lachaise*. A un caractère vif et enjoué, à une intelligence supérieure et à des allures un peu indépendantes, il joignait une bonté excessive.

XXXI

M. Louis-Laurent de Mortillet est né à Meylan (Isère), le 29 août 1821.

Il vint compléter à Paris au *Muséum d'histoire naturelle* et au *Conservatoire des Arts-et-Métiers*, les études qu'il avait commencées à Chambéry. Pendant l'année 1849, nous le trouvons à Genève où il est reçu avec empressement par les hommes les plus distingués du canton. En 1858, il participa, comme ingénieur, à la construction des chemins de fer Lombards-Vénitiens. De retour en France, il fonda, en 1864, une revue spéciale : *Les Matériaux pour l'Histoire primitive de l'homme*; à l'exposition universelle de 1867, il organisa la *Salle préhistorique du Travail*; l'année d'après, il fut attaché au *Musée* des Antiquités nationales de Saint Germain-en-Laye. Elevé aux fonctions de maire le 10 septembre 1882, il prononça les paroles suivantes : « L'honneur que vous nous avez fait est d'autant plus grand que sous des gouvernements

très divers,, aussi bien dans les temps
prospères que dans les circonstances
malheureuses, notre municipalité n'est
toujours distinguée par son haut mérite, son intégrité et son dévouement
aux intérêts de la ville. Nous nous
efforcerons de suivre la voie tracée
par nos devanciers ; mais comme le
progrès est la loi de l'humanité et l'es-
sence d'un gouvernement républicain,
nous marcherons de l'avant, d'une manière d'autant plus sûre que nous nous
appuierons toujours sur vos bons conseils et sur l'opinion des électeurs si
franchement libéraux de Saint-Germain. »

. On voit sur la *Place du Marché* un
buste en bronze de la République ;
c'est M. de Mortillet qui l'inaugura le
14 juillet 1884 ; il inaugura aussi, en
mai 1887, le groupe scolaire de la rue
de Mareil, l'École maternelle (rue de la
Salle) et le premier juillet (même

année) le nouveau cimetière, situé à
l'extrémité du *Parc* de la Réserve. Sous
son administration, plusieurs de nos
rues changèrent de noms. Ainsi la rue
aux Miettes s'appela Louis Cagnard ;
la rue de Versailles, Alexandre Du-
mas ; la rue des Ursulines, Voltaire ;
Saint-Louis, Diderot ; la rue Saint-
Thomas, République ; la rue Croix-
Boissière, Giraud-Teulon ; la rue San-
sonnet, Ducastel ; la rue de la Verrerie,
Louis IX. *Rue de la Verrerie !* Nous
regrettons ce nom qui perpétuait le
souvenir d'un fait intéressant notre histoire locale ; on l'avait ainsi dé-
nommée à cause d'une manufacture
que le roi Charles IX avait donnée en
1562 à deux frères d'origine italienne,
Mutio et Ludovico, lesquels avaient
apporté dans notre ville le secret de fa-
briquer des glaces à la manière de Ve-
nise. Décoré de la Légion d'honneur,
élu député le 18 octobre 1885, M. de

Mortillet siégea à l'extrême-gauche.
Comme maire de Saint-Germain, il a
pris, lisons-nous dans Larousse, « des
arrêtés qui, malgré les bonnes intentions de l'auteur, ont été vivement cri-
tiqués » ; mais un point sur lequel tous
sans exception se plaisent à lui rendre
pleine justice, c'est qu'il a puissam-
ment contribué à la vulgarisation des
études préhistoriques en France (1).
Ses ouvrages sont très nombreux; nous
citerons seulement ses *Promenades* au
château de St-Germain-en-Laye, Paris
1869, et le *Musée préhistorique*, 1881.
On lit dans l'introduction de ce dernier
livre : « Le musée de St-Germain étant
certainement le plus complet en fait
de préhistorique, mon fils et moi y
avons largement puisé ; sur les 1.269

---

(1) Pour plus amples détails, voir Vape-
reau, les *Contemporains*, le *Saint-Germain*,
17 juillet 1885 ; Larousse, *Grand* Diction-
naire, *suppément*.

numéros dont se compose notre ouvrage, 795, soit environ les deux tiers,
représentent des pièces originales se
trouvant dans le musée.

XXXII

*M. Georges Barbotte, maire provi-
soire.* Aux élections municipales du 6
mai 1888, deux listes étaient en présence : *la liste républicaine et la liste
radicale.* La victoire étant restée à la
première, MM. de Mortillet, Duval et
Rebours convoquèrent MM. Georges
Barbotte, Frank et Léger, pour résigner
entre leurs mains les fonctions de maire
et d'adjoints de la ville de Saint-Germain ; mais, selon le texte de la loi,
cette remise de pouvoirs n'aurait dû
être faite qu'après l'installation du
nouveau Conseil; c'est pourquoi MM.
Barbotte, Frank et Léger se rendirent
à Versailles pour consulter le Préfet
sur la marche à suivre en pareil cas ;

ils furent autorisés à convoquer d'urgence les nouveaux élus, afin de les installer légalement, ce qui fut effectué le 9 mai.

M. Barbotte annonça que la prochaine réunion aurait lieu le 20 et déclara que jusqu'à cette date, ses deux collègues et lui feraient tous leurs efforts pour assurer une marche régulière aux affaires courantes. Tous les membres accueillirent cette déclaration par des marques sympathiques d'adhésion.

M. Barbotte est né à Paris le 6 mars 1850.

XXXIII

Louis-Léon Radou avait vu le jour à Paris, en 1825 ; nommé maire de Saint-Germain-en-Laye le 20 mai 1888, par 26 voix sur 27 votants, il disait dans son discours d'installation : « Nous avons placé en tête de notre programme élec-

tif que nous étions partisans dévoués
de la République, nous affirmons encore une fois nos croyances ; mais nous
demandons que cette déclaration acceptée de tous, il ne soit jamais ques-
tions d'affaires politiques dans nos
réunions ; nous sommes et serons républicains, conciliants pour tous et res-
pectant les opinions de chacun ; je
compte, Messieurs, sur votre concours
absolu ; car vous connnaissez tout le
bien que l'on attend de nous, les amé-
liorations que tout le monde désire. Je
suis très heureux d'avoir pour conseillers deux hommes de valeur que vous
venez de nommer comme adjoints, MM.
Frank et Léger, dont le dévouement
à la Ville est connu depuis si longtemps. »

Un des premiers actes de Léon Radou fut de faire adopter le nouveau
projet présenté par l'agent-voyer pour
le lotissement des terrains de l'ancien

Hôpital-Hospice (1). Riche, il se plut à
faire du bien, et, sans aucune distinc-
tion de parti, ses bienfaits allaient à
tous ceux qui étaient dans le besoin ;
il donna sa démission au mois de mars
1890, sous prétexte que sa santé ne lui
permettait plus de continuer son mandat ; en vain ses deux adjoints s'effor-
cèrent de le faire revenir sur sa déter-
mination, lui assurant qu'il jouissait de
l'estime et de la sympathie de la grande
majorité de ses collègues ; il persista
à vouloir se retirer et, quelques jours
après, il fit connaitre dans une lettre
publiée par les *feuilles* locales, les véritables motifs de sa retraite ; il est
mort à l'âge de 65 ans, dans son domicile à Paris, le 9 janvier 1891 ; la cérémo-
nie religieuse eut lieu à l'église Saint-

(1) Cet hôpital qui avait été bâti en 1670
(rue de Poissy et rue Saint-Thomas, aujourd'hui *place* Lamant), fut abandonné en
1881 et démoli en 1886.

Roch avec un grand éclat, et le corps fut transporté à Saint-Germain-en-Laye dans le caveau de famille. Aux obsèques assistèrent le Conseil municipal de notre ville, maire et adjoints en tête, le colonel Donop, les officiers du 4° régiment de chasseurs et un grand nombre d'amis particuliers.

XXXIV

M. Paul Frank, né à Paris le 14 janvier 1844, a été élu maire de Saint-Germain le 18 mai 1890, par 15 voix sur 25 votants. Le bureau constitué, il prit la parole en ces termes :

« Messieurs et chers collègues,

Je vous remercie de l'honneur que vous avez voulu me faire en m'élevant aux fonctions de maire. Je ne dissimule pas les difficultés que j'aurai à surmonter ; mais je les envisage avec calme, quand je songe que tous sans ex-

ception vous aurez à cœur de m'aider
de vos sages conseils et que je serai
notamment secondé dans ma tâche par
les deux honorables collègues dont
vous connaissez la grande expérience
(1). Des travaux importants et des amé-
liorations impossibles à retarder, vont
s'imposer à nos délibérations. Un emprunt devient nécessaire ; nous tra-
vaillerons à le réaliser, et, grâce à votre
appui et à vos lumières, nous espérons
triompher de toute difficulté. Nous étu-
dierons spécialement le principe de
l'octroi ; une Commission sera nommée
à cet effet, et tous nos efforts tendront
à faire disparaître complètement un
impôt qui pèse si lourdement sur la population sédentaire de notre Ville.— Et,
maintenant, je vous rappellerai ce que
je vous ai déjà dit, quand vous m'avez
nommé adjoint : « Soyez sûrs de mon
dévouement aux intérêts de notre cité

(1) MM. Léger et Émile Gilbert.

ainsi qu'aux institutions républicaines.
Pour nous, pas un pas en arrière ; telle
a été et telle sera toujours notre ligne
de conduite. »

Honoré des palmes académiques, le
21 juin 1891, Monsieur Frank a rempli
les fonctions de maire jusqu'au 15 mai
1892, avec autant de zèle que d'intelligence. Sous son administration, nous
eûmes des fêtes dont nous aimerons à
garder le souvenir. Elles ne furent pas
moins brillantes que profitables au
commerce local. Nous devons aussi une
mention particulière au remarquable
discours qu'il prononça le 22 septembre
1890, quand, en présence de M. Maze,
sénateur du département de Seine-et-
Oise et d'une foule immense, il inau
gura sur les terrains de l'ancien hôpital
(Place Lamant) le nouvel hôtel de la
Caisse d'Épargne, bâti sous l'habile
direction de M. Léon Carle. Après nous
avoir fait un savant historique de cet

utile établissement dont l'origine re-
monte à l'an 1835, il nous mentionne
les noms des premiers fondateurs qui
nous ont légué l'exemple de leur dé
vouement aux classes laborieuses; puis
il termine en disant : « de ces géné-
« reux devanciers, il n'en reste plus un
« seul aujourd'hui ; mais ils ne seront
« pas oubliés dans les siècles futurs ;
« nos enfants pourront lire leurs noms
« vénérés sur une table de marbre que
« nous avons eu soin de faire placer
« dans la salle publique. »

XXXV.

C'est à l'Etang-la-Ville (Seine-et-
Oise), que M. Emile Gilbert a vu le
jour le 11 septembre 1835 ; il avait à
peine six ans quand il vint habiter notre ville. En 1860, ayant pris la suite du
commerce de bois tenu par son père, il
s'employa à l'exploitation des forêts de

Saint-Germain, de Marly et de Fontainebleau ; il fut pendant vingt années préposé du chauffage militaire. En 1888, alors qu'il jouissait d'un repos justement mérité, on lni offrit de le porter sur la liste républicaine ; l'offre fut acceptée et M. Gilbert devint conseiller municipal (1); nommé deuxième adjoint le 18 mai 1890 par 22 voix sur 25 votants, réélu conseiller en 1892, il fut élevé aux fonctions de maire le 15 mai de cette dernière année. Voici son discours d'installation :

Messieurs et chers Collègues,

« Vous m'avez appelé au grand, mais périlleux honneur d'accepter le fauteuil de maire ; je vous remercie de l'estime que vous me témoignez ; mais ce n'est pas sans une certaine crainte que j'accepte cette lourde tâche. Si je l'accepte, c'est que j'espère avec le concours éclairé de mes

(1) Il fut nommé le 4ᵐᵉ de sa liste.

deux honorables adjoints (2) pouvoir assurer la conciliation. Que demandons-nous
les uns et les autres ? C'est évidemment la
prospérité de notre ville ; il nous sera donc
facile, puisque nous tendons tous vers le
même but, de nous mettre d'accord sur
les moyens de l'atteindre.

Le programme de nos travaux est très
vaste. Il nous faudra reconstituer le groupe
scolaire de la rue de Mareil, améliorer les
autres et faire avancer le plus que nous
pourrons, la question du collège. Pour ces
travaux et bien d'autres qu'il serait trop
long d'énumérer aujourd'hui, je crois
qu'il sera nécessaire de recourir à un
emprunt.

Vous ne voudrez pas, messieurs, par
une opposition systématique, détruire les
actes accomplis par le Conseil précédent.
Ce Conseil, quoi qu'on ait pu dire, était
animé d'excellentes intentions et ses travaux ont été nombreux. Je ne devrais
peut-être pas tenir ce langage, par la rai-

---

(2) MM. Fortin et Rebours.

son que j'étais un de ses membres ; mais cependant je tiens à lui rendre justice.

Il est bien entendu que l'Hôpital ne sera point laïcisé ; je connais assez les sentiments de mes collègues pour pouvoir en donner l'assurance. Excepté le cas où une élection sénatoriale deviendrait nécessaire, le Conseil n'aura pas à s'occuper de politique. Les deux listes en présence avaient l'étiquette républicaine ; nous sommes donc tous ici des républicains, et pour ma part, j'affirme mon adhésion pleine et entière à la cause républicaine.

Vive notre belle France, si dignement représentée par M. Carnot !

Vive notre chère ville de Saint-Germain !

Vive la République !

L'Administration présidée par M. Emile Gilbert a marqué son passage aux affaires par des actes nombreux, utiles, nécessaires même et dont notre cité lui sera certainement reconnaissante. Au nombre de ses œuvres, qu'il

7

nous soit permis de signaler les suivantes à l'attention de nos lecteurs :

1° Réparation de l'*Ecole des filles*,
rue de Mareil; elle a été remise en
parfait état, avec la seule dépense de
29.000 francs.

2° L'*Ecole maternelle* de la rue de la
Salle, si défectueuse sous tous les rapports, a été transférée rue de Mareil;
construction neuve.

3° *Canalisation d'eau*, rue Schnap-
per. Cette canalisation exécutée dans le
courant du mois d'avril 1893, se compose d'une conduite en fonte de 0 m.080
de diamètre, qui part du carrefour de
l'Hôpital, rue de Mareil, et qui se termine à la jonction de la *route départe-
mentale* n° 38, aujourd'hui chemin de
grande communication n° 98 (1). Des
bouches à incendie placées en divers

(1) Depuis elle a été prolongée dans la
côte de Versailles jusque vis-à-vis le chemin du *Pavé-Neuf*.

endroits constituent une amélioration
précieuse pour les habitants de ce
quartier.

4° *Dégrèvement de l'octroi* ; complet
sur le coke, le charbon de bois et le
savon de ménage ; partiel sur la
houille.

5° *Etablissement* de cours complé-
mentaires aux écoles Dubois et San-
dras.

6° *Réfection de la rue Bouvet.* Les
travaux ont été terminés en novembre
1895. La chaussée a été reconstruite
entièrement sur 150 mètres de lon-
gueur et la pente de la rue modifiée et
adoucie. Ce chemin est la voie la plus
directe de Saint-Germain à Fourqueux ;
aussi est-il appelé à rendre de grands
services aux cultivateurs et proprié-
taires des *Fonds Saint-Léger.*

7° *Obtention d'un tramway* qui relie
utilement notre ville à celle de Poissy,

sans réclamer aucun subside à nos finances municipales.

8° La fondation d'un collège dans une
magnifique et vaste propriété, connue
sous le nom de *Villa Caprice*, rue de
Pologne, avec la participation de l'E-
tat pour la moitié de toutes dépenses
d'acquisition de terrain, de travaux et
d'installation. Les démarches tentées
à ce sujet par les administrations pré-
cédentes étaient demeurées sans résultat. Ce sera donc aux persistants efforts
de son premier magistrat, vaillamment
secondé par tous ses collègues et aussi
par notre honorable député, M. Ber-
teaux, que Saint-Germain-en-Laye de-
vra cette importante création.

9° *Agrandissement de l'Hôtel de Ville.*
(1) On pourra désormais y disposer d'une
façon très convenable les richesses
trop peu connues de la *Bibliothèque*

_____

(1) Ancién hôtel de La Rochefoucault,
acheté par la ville en 1842.

municipale, ouverte au public tous les jours, de 10 à 4 heures, excepté les lundis.

10° *Remplacement de la conduite des eaux de Retz*. — L'ancienne conduite n'avait qu'un diamètre de 0 m. 216, dia-mètre insuffisant pour amener en hiver les eaux de source qui se déversent dans le réservoir de *Montaigu* ; il était aussi trop faible pour utiliser la pres-sion dudit réservoir à la distribution d'eau dans notre cité. Une nouvelle conduite en fonte de 0 m. 400 de dia-mètre a été posée en plusieurs fois, suivant les ressources de la Ville et en dernier lieu sur 1,600 mètres de lon-gueur entre la Petite-Villette et Mon-taigu, de sorte qu'à l'heure actuelle, les eaux de source de Retz viennent directement au *Réservoir Central* de la *place du Marché*, par une conduite de 0 m. 400 de diamètre. Ces travaux ter-minés en octobre 1895, constituent une amélioration très sensible pour le service des eaux.

11° *Surélévation du réservoir de Montaigu.* — L'ancien réservoir construit en 1832 et surélevé en 1877, n'avait qu'une profondeur de 3 m. 20. Le niveau du radier des aqueducs étant plus élevé, on a profité de cette situation pour surélever de 1 m. 20, le réservoir en question, de manière à ce que le déversoir soit à la cote 81 mètres du nivellement de la ville. Par suite de ces travaux, la capacité du réservoir qui était auparavant de 3,200 mètres, a été porté à 4,500 mètres, ce qui permet d'emmagasiner en hiver tout le produit des eaux de sources et d'augmenter la pression dans la distribution de l'eau à Saint-Germain. Ces travaux ont été terminés le 31 octobre 1895.

12° Des égouts ont été construits dans les rues de *Pologne, Grande-Fontaine, Jadot, Danès de Montardat, St-*

Léger, *Boufflers*, *La Villette*, *et Campan* (1); ils ont pour but de recueillir souterrainement les eaux ménagères et pluviales et par suite de supprimer les mauvaises odeurs dans les ruisseaux en été et les amas de glace en hiver; il y a donc là pour l'hygiène une amélioration sérieuse. Dans la rue de *Boufflers*, l'égout a été construit en souterrain à 13 m. 20 cent. de profondeur, afin de pouvoir y conduire ultérieurement toutes les eaux du quartier de la *Réserve-Péreire* et supprimer les fossés de la grille de Poissy.

13° *Tourelle en fer* au réservoir central; elle est destinée à élever les eaux de la pompe à feu du Pecq à la côte 81 mètres du nivellement, c'est-à-dire au même niveau que le reservoir de Montaigu surélevé. De cette façon les eaux du Pecq s'équilibrent avec les eaux

_____

(1) Ils ont été terminés en octobre et novembre 1895.

de sources venant du susdit réservoir, si bien que l'eau peut être distribuée à 14 mètres environ au-dessus du sol de la *Place du Marché*, ce qui représente la hauteur d'un troisième étage (1).

C'est sous l'administration de M. Emile Gilbert (22 décembre 1895) que la commune de Montesson a été distraite du can'on d'Argenteuil pour être réunie au canton de Saint-Germain-en-Laye.

XXXVI

M. *Casimir-Léon Désoyer* né le 10 novembre 1844 à Neufmontiers, arrondissement de Meaux (Seine-et-Marne) est venu se fixer à Saint-Germain en 1868. Nommé conseiller municipal pour la première fois le 9 janvier 1881,

(1) Tous les travaux de voirie ont été exécutés sous la direction de M. Ferré, agent-voyer municipal, auteur d'un *plan* remarquable de laVille de Saint-Germain, en vente chez tous nos libraires.

il a été réélu aux *élections partielles* du 14 octobre 1883, puis le 6 mai 1888, ensuite le 21 août 1892, *(élections conplémentaires)* enfin le 3 mai dernier, 1896, au premier tour de scrutin, et le premier de sa liste, par 1.521 voix sur 2.369 votants. C'est dans la séance du 17 mai qu'il a été appelé à la présidence du Conseil; son discours d'installation finissait par cette devise chère à lui-même ainsi qu'à tous ses honorables collègues: *Tout pour Saint-Germain, tout pour la République.* L'administration dont il est le chef éclairé, actif et dévoué, est encore au début de sa carrière; il faut donc attendre pour juger ses actes, qu'elle soit arrivée au terme de son mandat (1).

---

(1) M. Désoyer a pour adjoints MM. Journée et Langbein. M. Journée avait déjà rempli les fonctions d'adjoint sous l'administration précédente; il avait été élu le 15 octobre 1893, en remplacement de M. Rebours décédé.

Directeur de la *Caisse d'Epargne* depuis le 4 juin 1878 jusqu'au jour de son élection comme maire, au nombre des fondateurs perpétuels de l'*Œuvre de Secours* aux orphelins, de la *Société Philadelphique*, dont il est vice-président depuis le 19 septembre 1885, membre de la *Caisse des Ecoles*, dont le noble but est de venir en aide au développement de l'instruction publique, M. Léon Désoyer a rempli au *Tribunal de Commerce* de Versailles les fonctions de juge suppléant, pendant quatre années consécutives, ensuite celles de juge titulaire, durant une égale période, c'est-à-dire, depuis le 20 décembre 1891 jusque vers la fin de 1895 ; il a été remplacé par un de nos honorables concitoyens dont nous avons eu déjà l'occasion de parler, M. Georges Barbotte, ancien conseiller municipal et maire provisoire. Lors de l'installation des juges, M. Cerf, président réélu, prononça un discours d'où nous aimons à détacher les lignes suivantes :

« Les électeurs m'ont renouvelé le mandat de présider encore, pendant deux années, à vos travaux. C'est une lourde tâche que votre collaboration me rendra facile.

M. Barbotte devient juge titulaire et continuera ainsi avec une autorité plus grande les services qu'il a rendus jusqu'ici au tribunal, comme juge suppléant.

M. Désoyer, arrivé au terme irrenouvable de ses fonctions, nous quitte, emportant dans sa retraite les regrets sympathiques de tous : chacun, en effet, a pu apprécier dans les délibérés, dans les directions des faillites et des liquidations judiciaires, l'étendue de son expérience commerciale, la précision et l'exactitude de ses points de vue juridiques, la sûreté de son caractère et de son jugement ; et, dans cette dernière année, aux audiences qu'il a présidées comme juge-doyen, l'autorité et la lucidité de ses décisions. Ce n'est pas violer le secret de nos délibérations que de nous rappeler publiquement qu'il a été le meilleur et le plus cordial des collègues.

Nous souhaitons la bienvenue à M. Léger, ancien adjoint au maire de Saint-Germain, président de la *Société Philadelphique*, que l'affectueuse estime de ses concitoyens a désigné au suffrage des élections consulaires (1) ».

Ici s'achevait notre modeste étude sur les maires de Saint-Germain-en-Laye, quand nous avons eu connaissance des paroles prononcées par M. Désoyer dans la séance du Conseil municipal, vendredi 9 octobre : elles ont trait à l'événement considérable qui vient de s'accomplir dans notre belle et magnanime France, c'est-à-dire à la visite du tsar Nicolas II et de la tsarine Alexandra Féodorovna. Nous sommes

---

(1) Voir la *Liberté de Seine-et-Oise*, 15 mars 1896.

heureux d'avoir la bonne fortune de les reproduire :

Messieurs,

En ouvrant cette séance, c'est avec une émotion profonde et une joie toute patriotique que je pense à ces quatre journées qui viennent de s'écouler.

Nous avons tous pu constater avec quelle affectueuse sympathie le peuple français avait accueilli les souverains d'un grand peuple ami, venus pour saluer la République. C'est grâce à la sagesse du parti républicain, à la fermeté de nos convictions qu'il nous a été donné de voir ce spectacle unique au monde; c'est pourquoi, je vous prie de dire avec moi

Vive la République ! Vive la Russie !

Les applaudissements unanimes et chaleureux qui ont accompagné ces paroles toutes de circonstance et bien

senties, ont encore redoublé quand
M. le Maire a donné lecture de la dépêche qu'il avait envoyée à M. le baron
de Mohrenheim, le mardi, 6 octobre,
au moment où les souverains russes
arrivaient à Paris ; elle était conçue en
ces termes :

*Le Maire de la ville de Saint-Germain-en-
Laye, à son Excellence Monsieur l'Ambassadeur de Russie, à Paris :*

*Au nom du Conseil municipal et de tous
les habitants, le Maire de la ville de Saint-
Germain-en-Laye, prie son Excellence Monsieur l'Ambassadeur, de transmettre à leurs
Majestés l'Empereur et l'Impératrice les vœux
les plus ardents que la population toute entière fait pour leur bonheur, pour celui de
leur Auguste Famille et pour la prospérité
de la Russie.*

DÉSOYER, maire,

Voici la réponse qui a été faite à
cette dépêche :

Ambassade Impériale de Russie,

Sa Majesté l'Empereur très sensible aux témoignages de bienvenue de la Municipalité de Saint-Germain-en-Laye, a daigné charger son Ambassadeur de se rendre l'interprète de ses meilleurs sentiments.

Paris, le 23 octobre 1896.

V. DE MOHRENHEIM.

FIN

Saint-Germain-en-Laye 1er novembre 1896

J. DULON, professeur

48, rue de la République

Paris. — G. CAMPROGER, 52, R. de Provence.

www.ingramcontent.com/pod-product-compliance
Lightning Source LLC
Chambersburg PA
CBHW071206200326
41519CB00018B/5398